D0921091

DES BARBELÉS
DANS MA MÉMOIRE

DU MÊME AUTEUR

Un mois chez les damnés, Préface de Jean-Charles Harvey, Le Petit Journal, 1955.

Le journalisme mène à tout, en collaboration avec Arthur Prévost, Éditions du Saint-Laurent, 1960.

Un prêtre et son péché, Éditions de l'Homme, 1961.

Toges, Bistouris, Matraques et Soutanes, Collectif, Éditions de l'Homme, 1962.

La Rage des goof balls, Éditions de l'Homme, 1962.

Pourquoi et comment cesser de fumer, Éditions de l'Homme, 1964.

Montréalités, Éditions de l'Homme, 1965.

Cent ans déjà, Éditions de l'Homme/Éditions Radio-Canada, 1968.

Les Greffes du cœur, collectif, Éditions de l'Homme/Éditions Radio-Canada, 1968.

Prague, l'été des tanks, collectif, Éditions de l'Homme/Éditions Radio-Canada, 1968.

J'aime encore mieux le jus de betterave, 1969, réédité sous le titre *Des barbelés dans ma mémoire*, Éditions Stanké, 1981.

Ce combat qui n'en finit plus... Essai sur la vie et l'œuvre du Dr Armand Frappier, en collaboration avec Jean-Louis Morgan, Éditions de l'Homme, 1970.

Pax – Lutte à finir avec la pègre, en collaboration avec Jean-Louis Morgan, Éditions La Presse, 1972.

Rampa, imposteur ou initié ?, Éditions Stanké, 1973.

Guide des vacances inusitées, Éditions La Presse, 1974.

Pierre Elliott Trudeau – Portrait intime, Éditions Stanké, 1977.

Le Livre des livres, Éditions Stanké, 1988.

Lituanie – L'indépendance en pleurs ou en fleurs, Éditions Stanké, 1990.

Vive la liberté !, Éditions Stanké, 1992.

Guide pratique des Montréal de France, en collaboration avec Jean-Marie Bioteau, Éditions Stanké, 1992.

Occasions de bonheur, Éditions Stanké, 1993.

Je parle plus mieux française que vous et j'te merde, Éditions Stanké, 1995.

LIVRES-S (Qu'importe le livre pourvu qu'on ait l'ivresse), Éditions Stanké, 1996.

Le Renard apprivoisé, Éditions Stanké, 1997.

ALAIN STANKÉ

DES BARBELÉS
DANS MA MÉMOIRE

récit

l'Archipel

Si vous souhaitez recevoir notre catalogue
et être tenu au courant de nos publications,
envoyez vos nom et adresse, en citant ce
livre, aux Éditions de l'Archipel,
34, rue des Bourdonnais, 75001 Paris.
Et, pour le Canada, à
Édipresse Inc., 945, avenue Beaumont,
Montréal, Québec, H3N 1W3.

ISBN 2-84187-617-9

Copyright © L'Archipel, 2004.

Le souvenir de la douleur
est de la douleur encore.

Lord Byron

Avertissement

Les personnages et les événements rapportés ici n'ont rien de fictif. Toute ressemblance de noms, de lieux et de faits est conforme à la vérité et voulue par l'auteur.

Entre l'état et le devenir existe un temps indéfinissable pendant lequel la mémoire s'alourdit d'effroyables souvenirs. Il suffira peut-être d'en raconter une partie pour que, vidée de ses obsessions, la mémoire se libère.

A.S.

Avant-propos

Cette « aventure » (hélas vraie) reste indélébile dans ma mémoire. Que voulez-vous, même adulte, il demeure difficile d'avoir de l'indulgence pour des crimes que, enfant, on n'a pas compris...

Un premier miracle m'a sauvé à cinq ans, puis deux ou trois autres un peu plus tard. Finalement, les soldats américains m'ont sauvé à onze ans. Maintenant, j'ai l'habitude des miracles.

En vieillissant, j'ai réalisé que je suis né quatre fois. Toutes mes naissances n'ont pas été agréables : en Lituanie, en Allemagne, en France et au Québec. Je n'étais chez moi nulle part. Il m'a fallu lutter (et beaucoup sourire) pour me faire accepter. Très tôt, j'ai appris ce que voulait dire le mot « étranger ». Métèque, je l'ai été partout : dans mon propre pays, en Allemagne, en France et au Québec ; catholique chez les protestants, juif pour les catholiques (il y en a encore qui ne savent pas que des catholiques aussi ont moisi dans les camps de concentration)... On finit par être citoyen du monde, solitaire, individualiste profond et attiré instinctivement par les affamés, les petites gens,

11

les marginaux, les apatrides et les réprimés qui, comme soi-même, ont été amputés d'une partie de leur jeunesse.

Quand je pense que mes grands-parents sont nés avant la guerre de 1870 (elle a fait 300 000 morts), que mes parents sont nés juste avant celle de 1914 (7 millions de cadavres) et que moi je suis né avant celle de 1939 (50 millions de morts), je n'ai que deux choix : soit me laisser aller au désespoir soit me remettre à rêver comme lorsque j'étais enfant. À rêver qu'il y a, quelque part dans ce monde, des peuples pacifiques, des soldats sans arme, des politiciens honnêtes, des ouvriers heureux qui n'ont plus à faire la grève, des enfants qui mangent à leur faim et qui aiment l'école et leurs professeurs parce que ceux-ci aiment enseigner, des familles unies, des automobilistes prudents, des juges justes et des millionnaires généreux qui n'ont pas besoin de psychanalystes…

C'est ce rêve, cet espoir qu'on doit lire entre les lignes de mon récit…

A. S.
juin 2004

PREMIÈRE PARTIE

Une main énorme, velue, sale, aux ongles crasseux, m'empoigne brusquement par l'épaule et m'oblige à descendre de l'automobile. C'est un soldat russe. Il est impatient. En vociférant dans une langue que je ne comprends pas, il me pousse vers le fossé qui longe la route de Birstonas. Que me veut-il ? Il fait sûrement erreur... Il faudra lui expliquer que je n'ai rien fait. Tante le lui dira.

J'ai à peine le temps de réaliser ce qui m'arrive. Quand je me retourne, je vois qu'un autre soldat en uniforme vert a fait descendre mon frère Liudas, ma tante Liudunia et le chauffeur et que, sans courtoisie, il les pousse eux aussi vers le champ de coquelicots tout entouré de bouleaux et de chênes.

Ce n'est donc pas à moi seul qu'on en veut ? Mais je ne suis pas rassuré pour autant. D'instinct, je sais qu'il faut obéir, mais je ne sais pas pourquoi il le faut.

Tante Liudunia traîne sa jambe infirme. Elle a dû laisser sa canne dans l'automobile. Pourquoi ne l'aide-t-on pas à marcher dans cette poussière et ces cailloux ? Que nous veut-on ? Et pourquoi nous faire piétiner maintenant les coquelicots ? Tante Liudunia emporte toujours sa canne dans ses déplacements. Elle l'avait avec elle dans l'automobile. Pourquoi ne l'a-t-elle pas prise ? Les soldats ne devraient pas la rudoyer. Ils devraient plutôt l'aider ! Graduellement, j'ai ralenti le pas et j'ose un regard en biais vers le soldat qui ferme maintenant cette procession bancroche. Il ne sourit pas. Loin de là. Sa bouche me paraît convulsée de rage et il tient dans ses mains un étrange objet de bois et de métal d'où pend une longue courroie de cuir.

J'ai peur.

Je porte le petit costume matelot que je revêts pour les promenades. La culotte en est décidément trop courte ; des brindilles acérées ont meurtri mes mollets. Je m'arrête un moment pour remonter mes chaussettes. Un brutal coup de pied me fait changer d'idée et me redresser aussitôt.

Nous sommes maintenant immobilisés au bout du champ, le long d'un grand ravin.

Personne ne dit mot.

Tante Liudunia est la plus âgée du groupe. Une cinquantaine d'années. Elle, si autoritaire d'ordinaire, est devenue soumise, timide même. Mon frère, habituellement fantasque et grimaceur, a le visage couleur de craie, la mine plus sérieuse encore que le jour où il nous est revenu de l'hôpital après son opération du nez.

Le chauffeur, homme grand et robuste dont j'enviais tellement la force à la fois brutale et douce, quand d'une seule main il me soulevait de terre et me juchait sur une branche d'arbre, cet homme musclé se tient comme écrasé, péniblement courbé, les bras ballants. Son regard a une fixité que je ne lui connais pas. À vrai dire, je ne reconnais plus personne.

Il se dégage de cette scène une sensation confuse, une impression de peur inconnue, un sentiment d'angoisse affreuse.

Les deux soldats nous placent maintenant tous les quatre côte à côte, face au ravin. Ils se rangent derrière nous. Je les entends qui discutent. J'en profite pour interroger le chauffeur. (Il est du côté de la main qui sert à me signer, cette main-là qui doit tenir la cuillère lorsque je mange ma soupe ; cette main droite que je persiste à confondre avec l'autre.)

— Qu'est-ce qui se passe ?

— Tais-toi ! Ce n'est rien ! m'assure le chauffeur.

Tante ne parle pas. Son silence m'intrigue, elle qui a toujours réponse à tout. J'insiste.

— Qu'est-ce qu'ils ont dans leurs mains, les soldats ?

Le chauffeur esquisse un drôle de sourire. Je vois sa narine qui palpite. Va-t-il me répondre ? Enfin, un murmure : « *Sautuvai*[1]. »

---

1. Fusils (L).
Note : La lettre entre parenthèses après chaque renvoi indique l'origine de la langue employée dans le texte. (L) : lituanienne, (A) : allemande, (R) : russe, (P) polonaise. Là où elle ne s'impose pas, cette indication est omise.

C'est la première fois que j'entends ce mot.

— Ça sert à quoi ?

J'insiste, anxieux de connaître le mystérieux pouvoir de ces bâtons qui inspirent tant de crainte à la tante et au chauffeur.

— Ça sert à tuer les gens, explique-t-il, la voix comme défaite, sans timbre. Ils crachent des balles – des cailloux de fer – qui trouent le corps et donnent la mort ! Maintenant, tais-toi et prie.

Sautuvai... Je n'ai jamais entendu ce mot ; j'ignore même l'existence de pareilles choses. Je sais qu'il existe des serpents qui font mourir, mais j'ignore que les hommes savent fabriquer des sortes de serpents de bois capables de cracher des pierres de fer, capables de donner la mort ; ça non ! je n'ai vu ça nulle part dans les livres de contes qu'on me donne. La peur et le dégoût font que j'éclate en sanglots. Cette terreur nouvelle est la première grande douleur de ma vie.

— Prie, prie, mon petit ! supplie ma tante, tandis que je pense à ces machines en bois et en fer qui tuent les hommes.

Je n'ai pas le goût de mourir. Je ne sais pas prier debout. Je ne veux pas... j'en ai assez de cette attente glacée qui semble ne devoir jamais finir.

Le chauffeur ne prie pas lui non plus. Je le vois qui se retourne et parlemente d'une voix suppliante. Il a de la chance de pouvoir s'exprimer en russe. Je me dis qu'un jour je saurai toutes les langues de la terre. Alors je pourrai m'expliquer, tout seul, avec tout le monde.

Le chauffeur piétine une touffe d'herbe à ses pieds, puis il fait un pas dans la direction des soldats. Les deux brutes lèvent leurs fusils et lui intiment l'ordre de retourner à sa place. Je ne comprends pas ce qu'on dit, mais je ne peux pas me méprendre. Un filet de larmes coule maintenant sur la joue de tante Liudunia.

Je comprends que nous allons mourir. J'aurais peut-être dû prier, même debout... J'ai froid. Un long frémissement secoue mon corps. Les paroles du chauffeur me reviennent en mémoire... « Des cailloux de fer qui trouent le corps et donnent la mort. »

Je pense à mon père, à ma mère, me remémore leurs visages. Sur lequel d'entre nous, ici, le diabolique instrument va-t-il cracher ses pierres en premier ? Je prie que ce soit moi, ainsi je ne verrai pas les trous dans le corps des autres. Quelque chose me dit qu'en effet je serai le premier. Un des soldats pointe déjà son fusil sur moi. Il est derrière nous, mais en tournant à peine la tête, je le vois du coin de l'œil. Il doit déjà savoir où viser, où me transpercer. Ses balles feront-elles mal ? Et combien lui en faudra-t-il pour tuer un enfant de six ans ? En faut-il moins que pour ma tante par exemple, moins que pour le chauffeur ? Plus personne ne peut m'aider. Le chauffeur a repris son poste de tantôt, à ma droite ; tante Liudunia pleure silencieusement ; mon frère est figé sur place. Je suis seul. Chacun pour soi. Je ressens maintenant une terreur nouvelle : celle de la solitude.

19

Engourdi par la peur, je voudrais parler, crier. Tout en moi se cabre, mais aucun de mes muscles ne bouge. Un enclenchement métallique se fait entendre. Cette fois je n'ose plus me retourner, de crainte de précipiter le sort. Je me contente de baisser les paupières. Je regarde l'herbe à mes pieds et je tends l'oreille. Rien d'autre ne se produit. Je risque une œillade vers le chauffeur qui m'observe, Je découvre un homme entièrement changé, les yeux hagards, la lèvre qui tremble.

— Ne bougez pas ! dit-il, comme s'il avait deviné mon envie de sauter dans le ravin. Ne bougez surtout pas !

Un vide affreux se creuse en moi. Puis un bouillonnement remplit le vide et monte à ma gorge. J'ai dans la bouche un goût amer. Je ne pourrais même pas crier ; ma langue s'est comme soudée à mon palais. Il reste que je trouve le conseil du chauffeur insensé. Demeurer immobile et attendre la mort ? Quoi de plus idiot ? Voilà bien le raisonnement d'un adulte.

J'en suis là dans mes réflexions quand un autre déclic, semblable au premier, pète dans notre dos. Le deuxième soldat sans doute… J'ai la nette impression de chanceler. Je ferme les yeux et crispe les poings.

— *Padajditie ! Padajditie*[1] ! hurle un homme qui vient de la route.

Au pas de course, il rejoint les soldats. Ils parlent bruyamment d'abord, puis les voix s'apaisent. Sommes-nous sauvés ?

---

1. Attendez ! Attendez ! (R)

Je me dis que si j'en réchappe, si l'on ne me tue pas aujourd'hui, je me souviendrai de ce mot magique aussi longtemps que je vivrai. Je le redis dans ma tête : *« Padajditie... »*

Le nouveau venu renifle maintenant violemment. Il a une voix plus grave que celle de ses compagnons.

— *Rouki vierge*[1] *!* ordonne-t-il.

Tandis que nous refaisons en sens inverse le chemin par où nous sommes arrivés, je songe que cet homme est sûrement bon, sûrement plus puissant que les deux autres. Je crois que je lui ai souri et que j'ai moins senti les écorchures sur mes mollets.

Nous n'avons pas à nous faire prier pour revenir sur nos pas ; les coquelicots foulés coupent le champ en deux. Ce qui est pénible, c'est de marcher les bras en l'air. J'aurais tant besoin de me pétrir la poitrine pour calmer l'affolement de mon cœur qui bat à tout rompre contre mes côtes.

Pas le temps de flâner non plus. Les trois soldats sont maintenant implacables. Ils nous poussent férocement de la pointe de leurs fusils en criant des ordres que le chauffeur et tante sont bien les seuls à comprendre. Je répète en moi-même *« padajditie »* ce mot qui a tout fait chavirer, tout changé tout à l'heure. Un mot qui a la puissance des fusils. Nous enjambons le fossé et nous nous retrouvons près de notre automobile. Le véhicule est toujours garé au même endroit, mais ses phares sont brisés.

---

1. Haut les mains ! (R)

21

Je m'engouffre à l'intérieur sans me faire prier et je découvre un tableau de bord en miettes, la radio arrachée, les banquettes de cuir lacérées en maints endroits. Nos jouets ont aussi disparu. Mais dès qu'on referme les portières, je ressens une impression de délivrance, un sentiment de soulagement qui me dilatent la poitrine. Mon frère est toujours pâle comme un cierge. Il se tait. Comme moi, il attend sans doute la suite des événements.

Essoufflée, tante Liudunia respire avec difficulté. De ses mains nerveuses elle nous pétrit les bras comme pour y ramener la circulation. Je l'entends dire, avec tendresse : « Vivants, vivants, nous sommes vivants ! »

Comme c'est étrange ! Je viens à peine d'avoir six ans et je ne m'étais jamais rendu compte qu'on pouvait vivre sans avoir l'impression que ce n'était pas une chose naturelle. Je ne m'étais jamais rendu compte qu'on pouvait tout aussi bien mourir à six ans que vivre.

« Vivants, vivants, nous sommes vivants ! » et je le répète jusqu'à ce que je sente monter en moi des larmes nouvelles qui ne ressemblent en rien à celles de mes chagrins passés.

Dehors, les soldats russes armés de fusils et de poignards s'agitent, courent, sautent… D'innombrables camions passent sans arrêt, traînant de lourdes pièces de métal qui soulèvent des nuages de poussière. Le chauffeur nous explique qu'il s'agit de canons.

— C'est un genre de fusil gigantesque qui crache de grosses balles de fer et de feu. Avec ça, dit-il, on détruit des maisons entières.

Puis il ajoute, d'une voix déchirante :

— *Karas, karas*[1] !

En peu d'heures, j'avais appris beaucoup de choses, mais surtout qu'il est possible de mourir à six ans. J'avais appris aussi qu'il y avait deux sortes d'hommes : ceux qui ont des armes et les autres qui ont les mains vides, comme nous.

« Qu'il fait bon vivre, pensais-je, mais comme cela fait peur. » Puis je m'affalai sur la banquette éventrée.

Un tank aux lourdes chenilles de fer vient se placer à l'avant de notre automobile. Un autre se range à l'arrière. Autour de nous des soldats casqués courent çà et là. Combien de temps allons-nous stagner ainsi ? Peu de temps sans doute car je vois un énorme soldat voûté s'approcher de nous. Sa chemise est ornée de deux étoiles rouges. Il se penche à la portière et donne des instructions à notre chauffeur. Il parle beaucoup, sur un ton qui ne semble pas tolérer d'objection. De temps à autre il remonte sa ceinture de laquelle pendent d'étranges objets noirs, des cordons de cuir, et un long poignard dans sa gaine.

Le chauffeur opine du chef. Il acquiesce en multipliant les « *Da ! Da ! Da !* ».

Le jour décline. La nuit est proche. Le nez collé à la glace, j'essaie de revoir une dernière fois les coquelicots que nos pas ont foulés. Il fait déjà sombre et pourtant je ne vois pas les habituelles lueurs de l'horizon.

---

1. La guerre, la guerre ! (L)

Le gros soldat est remonté dans son tank et a refermé sur lui le lourd couvercle d'acier.

Voilà des heures maintenant que nous sommes sur cette même route de Birstonas, prise ce matin innocemment pour une simple promenade à la campagne. Dans la nuit languissante, le grondement des moteurs éclate et le convoi s'ébranle dans un terrible bruit de ferraille. Ça y est : nous retournons à Kaunas. Nous permettront-ils de revoir mon père et ma mère ? J'ai eu la vie sauve, soit, mais cette sécurité temporaire n'empêche pas de nouvelles peurs de m'assaillir. Je combats une lassitude indescriptible, et désespérément je tente de garder les yeux ouverts pour tout voir et si possible tout comprendre.

Plusieurs fois en cours de route, le convoi s'immobilise. De nouveaux soldats qui sentent la sueur, la poussière et le tabac viennent à tour de rôle nous fouiller. Puis nous reprenons la route. Autre arrêt. Cette fois, de nouveaux venus nous criblent de coups de crosse de fusil. On frappe à tout hasard les jambes, la croupe, le dos... Dehors, les pins n'ont plus d'odeur et l'air est chargé de vapeurs d'essence et de fumée. On nous fouille de nouveau, cette fois pour confisquer montres, bagues, porte-monnaie. Un des soldats arrache les quatre boutons dorés de mon costume et les enfouit dans sa poche. Puis nous repartons.

Ce n'est que tard dans la nuit que nous atteignons Kaunas, toujours escortés de deux tanks, un qui devance et l'autre qui suit. Derrière l'*azuolynas*[1], très loin, j'entrevois déjà le sommet d'une tour. C'est l'antenne de la radio que je cherche à repérer depuis que sont apparues les lueurs de la ville. Au pied de cette tour se trouvent ma maison et mes parents.

Je me dis que si le char d'assaut tourne à gauche, je ne bronche pas. Mais s'il prend la route de droite et qu'il s'éloigne du chemin de ma maison, je quitte l'auto pour m'enfoncer dans le parc et courir de toutes mes forces vers la maison de mes parents. Comme il fait très noir, on ne me verra pas. Je sais courir très vite, et puis je connais toutes les allées du parc ; on ne me rattrapera jamais !

Je tiens solidement dans ma main la poignée de la portière, prêt à l'actionner, prêt à bondir.

Voici enfin la croisée des chemins.

Dans le noir, gicle une pluie d'étincelles. Les chenilles du tank mordent la pierre. La monstrueuse masse d'acier hésite. Je suis sur le qui-vive. Gauche ? Droite ? Le moteur s'apaise. On n'entend plus qu'un ronronnement sourd. Tout près, dans la ville paisible où personne ne dort, des volets s'ouvrent. Encadrés par les fenêtres, je vois des visages ahuris, terrifiés.

Le bruit du moteur s'enfle. Nous tournons à gauche. Nous allons en direction du domaine de la radiodiffusion. Nous allons chez nous ! Du coup, je lâche la poignée et, rassuré, je jette un coup d'œil vers l'arrière. Stupéfait, je me rends compte que d'autres véhicules se sont

---

1. La chênaie. (L)

ajoutés à notre convoi. Il est maintenant si long que je n'en distingue pas la fin.

L'entrée du domaine est éclairée comme pour les soirs de fête. La grille de fer est ouverte et le gardien nous regarde passer avec étonnement. Derrière lui, j'aperçois mes parents. Ma mère sanglote convulsivement.

Halte ! Trois soldats, fusils en main, abordent mon père et le saoulent de questions. Je saute de l'auto pour courir vers lui. Je sens son regard couler dans mes veines comme un sang nouveau. Il dit : « Ne parle pas, je sais tout. »

Ma mère nous couvre de baisers, et père me soulève et m'emporte jusqu'à ma chambre où il me dépose au creux du lit. Dans la douceur de mon oreiller, j'essaierai de m'abstraire, d'oublier le cauchemar que je viens de vivre.

Ce 15 juin 1940, mes six ans ont découvert la guerre et je sais que jamais plus rien ne sera comme avant.

*

La sonnerie de la porte d'entrée déchire le silence et m'arrache au sommeil. Instinctivement, je cours me réfugier dans la chaleur du lit de mes parents. Le plafonnier est allumé. Tout habillé, mon père est allongé sur les couvertures, les yeux grands ouverts, les mains croisées sur la poitrine.

La sonnerie carillonne de nouveau. Par la porte de la chambre demeurée entrouverte, j'entends distinctement, sur le marbre du hall d'entrée, glisser les pantoufles de Yadzia, notre servante.

Un déclic du verrou. La porte claque. Une voix d'homme. Puis des pas lourds, sonores, sur les pierres. Mon oreille les suit. Voici le corridor, puis je les entends tout près. Les pieds sont bottés.

Brusquement mon père se lève. Ma mère tire les couvertures jusqu'à ses épaules. Comme pour me parer de je ne sais quel coup, je m'empare d'un oreiller.

Désemparée, Yadzia apparaît. Mon frère Liudas est avec elle.

— Monsieur est ici, dit-elle.

Un grand homme en uniforme fait son entrée dans la chambre. Son ample chemise verte lui tombe à mi-cuisse, comme une jupe trop courte. Il a un brassard rouge et tient une arme au poing. Deux autres sont suspendues, l'une sur l'épaule, l'autre à sa ceinture. En le voyant si près de moi, j'ai un haut-le-cœur.

Il a la face ronde et les sourcils épais. Il parle russe et semble le faire avec abondance ; il ponctue ses phrases en secouant son arme devant le front de mon père qui, en guise d'acquiescement, se contente d'incliner la tête calmement.

Cet horrible soldat qui nous réveille en pleine nuit n'est sûrement pas venu pour échanger des souvenirs. Il discute de choses plus urgentes. Au son de sa voix je devine qu'il est envoyé pour transmettre des ordres et qu'il tient à ce qu'on lui obéisse.

Ma mère ne peut contenir sa stupéfaction. Elle se mêle à la conversation. Elle qui a vécu en Russie du temps des tzars connaît parfaitement le russe et elle sait vraisemblablement servir au visiteur de la nuit les arguments utiles.

Yadzia, pâle comme une poupée de cire, hausse les épaules dans un mouvement d'impuissance. Puis elle raccompagne le Russe jusqu'à la porte qu'elle ferme derrière lui. Je l'entends distinctement accrocher la lourde chaîne de sûreté – une chaîne dont les maillons me paraissent bien fragiles maintenant pour nous protéger contre qui que ce soit.

Mon frère Liudas se décide à briser le silence.

— Que voulait-il ?

— Le *politrouk*[1] nous a prévenus que je serais fusillé si nous reprenions l'antenne et que le même sort m'attendrait si jamais un saboteur faisait sauter une antenne ou l'édifice du transmetteur, dit mon père. Il leur faut à tout prix pouvoir transmettre leurs messages sur nos ondes et sans aucune interruption. La radio leur est indispensable pour contrôler la population ; le pays est à eux.

Toutes ces ruses me paraissent bien compliquées. Je ne suis pas sûr d'en comprendre le sens ou la portée. Pour moi, la radio, c'est le travail de mon père. Et le travail de mon père, c'est sacré.

Mon frère qui est de cinq ans mon aîné peut se permettre d'insister. Il trouve un chapelet de questions à poser. J'écoute les réponses de mon père, en faisant un grand effort pour les saisir. Une explication retient mon attention :

— En entrant au pays tout à l'heure, ils ont eu la chance de vous trouver sur leur route.

---

1. Indicateur à la solde de l'armée rouge. Le poste est régulier et équivaut à un grade. (R)

À cause de l'inscription officielle qui figure sur l'automobile. On m'a prévenu par téléphone que la station de radio devait être intacte au moment de votre retour à Kaunas, sinon on vous gardait comme otages. C'est vous qui auriez payé de votre vie...

J'enfouis ma tête sous les couvertures pour mieux réfléchir à la méchanceté des hommes. L'avertissement de l'horrible visiteur nocturne est insensé, me dis-je. Le domaine de la radio est beaucoup trop vaste pour que mon père puisse le surveiller à lui seul avec l'aide d'un gardien qui n'a d'autre arme que sa lourde canne de bois. Instinctivement, j'inventorie le domaine. Cernée par une haute clôture de fer, la propriété comporte une vaste partie boisée de chênes, de bouleaux, de tilleuls et de marronniers ; un jardin potager, un verger, un étang, un court de tennis, un parc pour la promenade, un garage, des entrepôts, deux énormes antennes, un édifice abritant le transmetteur, un spacieux pavillon où nous habitons, et les dépendances où vivent le gardien, le jardinier et leurs familles.

Toujours réfugié sous les draps, j'imagine une multitude d'endroits où des hommes pourraient se cacher et, sans être vus, sauraient démonter – au moment propice ou à la faveur de l'obscurité et certainement à l'insu de tous – le boulon qui ferait s'écrouler la tour. J'envisage ainsi les attaques les plus invraisemblables contre les antennes et j'échafaude les plans les plus osés pour les sauver de la destruction. Épuisé, le sommeil me reprend sans que j'aie trouvé de solution, et je m'endors malgré cette menace de voir exécuter mon père à cause de l'acte d'un inconnu – d'un ami, qui sait ?

Je me réveille en sursaut. Je suis seul dans le lit. Il fait maintenant grand jour. Ma première pensée est pour les antennes. Je cours écarter les rideaux. Elles sont là debout, intactes, solides comme la veille. Si je le pouvais, je les embrasserais, car leur présence signifie que mon père a la vie sauve.

Malgré tout, je redoute la journée qui commence. Je me demande qui des militaires russes ou des mystérieux saboteurs lituaniens dont avait parlé le soldat russe est finalement le plus à craindre en ce qui nous concerne. Hier encore, les premiers voulaient nous tuer. Quant aux seconds, selon toute apparence et en vue de nuire aux premiers, ils préparent des coups fourrés.

D'une façon ou d'une autre, on tuera mon père. C'est à n'y rien comprendre, une guerre. Quoique l'on fasse, personne n'est jamais content. Le mieux est d'y penser le moins possible et d'aller prendre le petit déjeuner.

La salle à manger est déserte. La grande table de chêne est recouverte d'une épaisse nappe comme quand on s'apprête à partir en voyage. Les lourdes tentures ornées de motifs de la *ruta*[1] sont tirées. Il fait sombre. L'atmosphère est lugubre. Contrairement aux autres matins, on ne sent pas l'odeur pénétrante du café mais plutôt celle de l'encaustique. Je ne suis pas tellement

---

1. Fleur nationale de la Lituanie.

surpris : ne m'étais-je pas dit la veille que jamais plus rien ne serait comme avant ?

Ma mère, optimiste de nature, grassouillette, mangeant beaucoup et riant tout autant, va rarement à la cuisine, si ce n'est pour renifler les bons plats qui y mijotent. C'est pourtant là que je la trouve, près des fourneaux, avec Yadzia, tante Liudunia et la bonne cuisinière qui a les doigts boudinés et le front plissé comme un accordéon.

Mon entrée pas plus que ma faim dont on fait grand cas d'ordinaire ne distraient les femmes de leur besogne. Pour ne plus s'intéresser à moi, il faut qu'elles aient des préoccupations plus urgentes qu'à l'accoutumée. Elles s'affairent, silencieusement, et me font penser au curé de l'église, le dimanche. Deux d'entre elles coupent religieusement le pain en d'innombrables petits cubes de la taille d'un morceau de sucre. À peine une poignée de dés est-elle prête que déjà une troisième femme s'en empare, les étale avec minutie sur une plaque de fer qu'elle engouffre sans plus attendre dans le fourneau d'où se dégage une bonne odeur de pain rôti. Les minuscules morceaux de pain en ressortent brunâtres, croustillants. On les empile alors près de tante Liudunia qui gobe d'une main habile les cubes encore brûlants et les enfouit dans des sacs de tissu blanc pareils à de minuscules taies d'oreiller. Sitôt le sac rempli, elle le secoue soigneusement et le place sur une tablette où sont déjà entassés d'autres sacs pareils à celui-là et sans aucun doute bourrés eux aussi de petits dés dorés.

Mon frère vient nous rejoindre. Il a retrouvé son air clownesque.

— On peut jouer à ça, nous aussi ?

Il choisit mal son moment. Je me dis que ce n'est pas la peine d'avoir cinq ans de plus que moi pour faire tant de bêtises. Il reste que si on lui répond je saurai moi aussi.

Ça sent l'orage. Les femmes sont irritées. Il n'en a cure.

— Qu'est-ce que vous fabriquez ?

— Explique-lui, toi, dit tante Liudunia à ma mère.

— Ce sont des *souchari* !

— C'est pour quoi faire ?

Ma mère d'ordinaire si patiente a un mouvement d'humeur.

— Explique-leur, dit-elle à sa sœur Liudunia.

— Chacun son tour, remarque mon frère en continuant de faire le pitre. Comme au tennis !

Tante Liudunia fait signe de la tête. Elle en finira une fois pour toutes. Mais elle prend le temps d'enfiler une nouvelle aiguillée avant de répondre par une autre question.

— Vous ne savez pas que c'est la guerre ?

Depuis hier, on s'en doute un peu. Mais pour les détails... Comme la question s'adresse à nous deux, je prends les devants.

— Oui ! Non ! Enfin, nous... Ce qu'on ne sait pas c'est ce que sont les *souchari*, dis-je d'un air innocent, en fixant son beau chignon blond en équilibre sur sa tête.

— Qui dit guerre, dit *badas*[1].

---

1. Famine. (L)

— *Badas?* Connais pas, dit mon frère qui cherche toutes les occasions de se rendre détestable.

Cette fois, tante explose.

— Ces enfants sont IN-SUP-POR-TA-BLES !

Il est clair qu'il y a là une gravité qui nous échappe. Mais sa remarque, déjà entendue mille fois, ne réussit pas à nous éloigner. La brave femme dispose alors de son aiguille, ajuste ses lunettes et entreprend notre instruction.

— Une guerre, fait-elle doctement (elle ne sait pas parler autrement), vous en avez malheureusement eu un exemple hier, c'est lorsque les hommes perdent la raison et se chamaillent entre eux. Durant une guerre, on tue n'importe qui, n'importe quand, n'importe où. La nourriture devient rare. On n'a plus rien à manger. C'est ça, la famine ! Les gens meurent comme des mouches.

Des images contraires assaillent mon esprit. Je me dis que ce doit être curieux de voir des milliers de mouches mortes qui ressemblent à des gens.

Mon frère est secoué d'un grand rire. Je me dis que ce n'est pas le moment. Il y va quand même d'un brin de logique.

— Si les gens sont tués à la guerre, ils n'ont plus besoin de manger alors ?

— Veux-tu te taire ! ordonne ma mère. Et toi, continue d'expliquer !

— Nous, on sait, dit tante Liudunia. Lorsque nous étions petites, votre mère et moi, nous avons connu la révolution et la famine en Russie !

33

Voilà que ça recommence ces histoires de « quand j'étais petite ». Ça m'a toujours un peu agacé. J'ignore ce que signifie le mot révolution, mais je ne suis pas tenté de demander de nouvelles définitions. De toute façon, c'est sans doute le nom d'une guerre. Il doit sûrement exister plusieurs sortes de guerres, pensé-je.

— Grâce à ces petits cubes de pain séché qui peuvent se conserver très longtemps, nous avons pu survivre. Avec le temps ils deviennent durs comme des pierres. Il suffit de les tremper dans l'eau et ils sont de nouveau comestibles.

Tante Liudunia est sûrement une femme instruite puisqu'elle est infirmière-chef du plus important hôpital de Kaunas. Mais j'ignorais qu'elle pût transformer le pain en pierre et ensuite la pierre en pain. J'admire son savoir et sa prévoyance. Son ingéniosité nous permettra de manger demain si jamais la faim nous tenaille. Quant à moi, la faim me tenaille déjà.

Je n'ai encore rien avalé depuis midi, la veille. Pourtant, je ne me sens pas le courage de parler de ma faim au moment où chacun semble si préoccupé à conjurer un péril imminent.

Je quitte donc à regret cette étrange cuisine-salle-de-couture-boulangerie en humant une dernière bouffée de pain grillé. Ce sera là mon petit déjeuner.

« Vivement la famine », me dis-je, avec le secret espoir de bientôt goûter aux *souchari*.

*

Chaque matin Tomy, notre grand chien-loup, ponctuel comme un réveil, sort mon père de son lit en lui apportant le journal. Quelques coups de patte, la queue qui remue, le museau fouineur, humide et froid, Tomy insiste jusqu'à ce que mon père se lève. Il ne libère le journal qu'après avoir reçu un compliment ou une caresse. Ensuite il s'assied, dresse ses oreilles pointues comme s'il attendait qu'on lui communique les faits saillants du jour. Il reste ainsi immobile et attentif jusqu'à ce que mon père déplie le journal et que sa tête disparaisse complètement derrière les larges feuilles de papier. Alors Tomy, offensé par ce désintérêt à son égard, bâille à pleine gueule et quitte la chambre d'un pas nonchalant pour n'y revenir que le lendemain matin. C'est à la cuisine qu'il se rend d'habitude, d'où il sort sitôt sa pâtée avalée.

Ce matin je n'ai pas vu Tomy. Sa gamelle est vide. Je n'ai pas non plus vu mon père lire le journal. Où est Tomy ? Dehors, sa niche est vide. Il n'est pas non plus sous l'*altanka*[1] où il se prélasse parfois quand il fait chaud et qu'il ne joue pas avec nous. Ce matin, plus que jamais sa présence me réconforterait. J'ai besoin de lui car presque personne n'ose m'approcher lorsque Tomy gambade à mes côtés. Je l'appelle. Il ne répond pas. Pour cause ! Je le trouve dans le carré de sable, recroquevillé, sans vie. À son cou perle un filet de sang noir.

---

1. Tonnelle. (L)

Ses yeux sont fixes, la langue pend de sa gueule.

Dans le domaine, les soldats sont là qui bivouaquent sous les arbres. Leurs gros camions ont couché les haies, aplati les groseilliers, écrasé les framboisiers, en fait, saccagé tout le potager.

Ils campent par petits groupes, le casque ôté. Je vois leur crâne qui luit comme si on l'avait passé au papier de verre. La mise débraillée, les manches retroussées, ils se vautrent dans l'herbe fraîchement tondue. Ils conversent, ricanent entre eux. Certains sont debout, une gamelle crottée à la main. Sur le court de tennis, j'en surprends deux autres qui jouent au ballon, le torse nu. Je suis certain que le gardien ne viendra pas les en déloger.

« C'est curieux, la guerre ! » me dis-je, en prenant la décision d'aller explorer du côté de la demeure du gardien. Je me sens audacieux, même sans Tomy. Et puis, que peut-il arriver à quelqu'un qui connaît de la langue russe l'un des mots essentiels, le mot magique : *padajditie?* Chemin faisant, je rencontre un soldat assis sur l'allée de gravier. Il se roule des cigarettes dans du papier journal. Il me dévisage avec ce que je crois être une sorte d'attendrissement. Près de lui, un fusil au bout duquel je vois briller la lame pointue et tranchante d'un poignard.

— *Hei, maltschic. Idzi siouda* [1] *!* crie-t-il en faisant mine de se lever.

---

1. Hé ! garçon. Viens ici ! (R)

Je revois soudain la scène de la veille. Le ravin... les coquelicots piétinés... les coups... Et puis, Tomy, ses yeux... le sang... Je fais mine de n'avoir pas entendu et je contourne le soldat d'un pas alerte, décidé, comme on contourne un crachat. Il m'écœure.

Je l'entends aussitôt s'exclamer :

— *Soukine sine*[1] *!*

Le ton de sa voix suffit pour imaginer qu'il ne m'a pas adressé un compliment. Voilà sans doute un mot à ne pas apprendre ! Inutile de me retourner. Feignons la surdité, les gars...

La demeure du gardien n'est plus toute seule. Quatre tentes vertes lui tiennent compagnie. Les battants de toile de ces immenses maisons molles remuent sans cesse car des militaires y entrent ou en sortent comme dans une gare.

J'ai un mouvement de recul. Cette grouillante tanière m'inspire de la crainte. Je reste là un moment et j'observe avec prudence, sans en avoir l'air. L'arrivée de deux autos blindées dérange le calme du lieu et me chasse de mon observatoire.

Je regagne ma maison et découvre tante Liudunia, le chignon toujours en équilibre, ses lunettes bien d'aplomb sur le nez, qui discute avec ma mère. Selon toute apparence, les deux sœurs viennent de découvrir les dégâts du jardin.

— Tu as vu ça ? me demande ma mère.

Je hausse les épaules. Cela me paraît une appréciation suffisante.

_____

1. Enfant de chienne ! (R)

— La maison est pleine de bolcheviks !
grommelle tante Liudunia.

L'émotion est dissimulée sous les bougonne-
ments. Je me hasarde.

— Qu'est-ce qu'ils font ?

— Ils visitent ! répond ma mère, courroucée.

Plein d'une méfiance à peine dissimulée, je
me rue à l'intérieur. Dans ma précipitation, je
bute contre un soldat dont les bras sont chargés de plateaux d'argent et de coutellerie.
Tante qui voit l'énergumène sortir avec l'argenterie se récrie, indignée :

— Nous porterons plainte, c'est du pillage !

— *Niépanimaiou*[1], réplique le Russe odieu-
sement narquois.

Le regard hostile, tante Liudunia reprend sa
menace en russe, mais en vain. L'indésirable
visiteur n'est pas davantage impressionné. Pour
toute réponse il lui tire grossièrement la langue,
comme il m'arrive de faire dans le dos des
grandes personnes quand je suis fâché.

J'en rosis de honte. Jamais personne n'a osé
répliquer de cette manière à tante Liudunia sur
qui mes parents ont toujours compté pour
nous enseigner, à Liudas et à moi, la bonne
tenue, la politesse. Offensée, elle se tourne
vers moi pour constater d'une voix flétrie par
l'indignation :

— Voilà ce que c'est que des gens sans éducation ! Tu vois comme c'est laid ?

Tout est prétexte aux petites et aux grandes
leçons de savoir-vivre, mais tante est vivement

---

1. Je ne comprends pas. (R)

interrompue par la sortie de deux autres hurlu-berlus vêtus du même uniforme vert que le premier, les poches bourrées et les bras pleins des ustensiles les plus divers de la cuisine. « Pourvu qu'ils n'emportent pas les *souchari* », me dis-je, en entrant dans la maison. Mon premier réflexe me fait quand même courir jusqu'à ma chambre pour cacher mes jouets préférés. Le dromadaire en peluche (cadeau du roi Farouk), le singe articulé (qui date de ma visite en Pologne), le guignol fran-çais, la boîte de meccano et le petit train que mon père a rapportés de son dernier voyage en Angleterre, tout ça va disparaître sous mon lit. La carpette bleuâtre que je jette dessus les dissimulera. Enfin je le crois. De toute manière, cet amas de choses précieuses ressemble main-tenant à un nuage bleu qui se serait égaré sous le lit. Ça me plaît assez.

La maison est pleine d'hommes qui fourra-gent partout. À la cuisine, la fabrication des *souchari* est interrompue. Devant les yeux ébahis de Yadzia et de la cuisinière, deux sol-dats font chauffer de l'eau dans un seau telle-ment crasseux qu'on ne sait s'il est brun, vert ou noir. Dans la salle à manger, c'est la ruche. Le pôle d'attraction, c'est le buffet. Eux, de vraies mouches à miel. Et puis ça rit, ça piaffe, ça ouvre les portes et les tiroirs, ça touche à tout et ça se bouscule en parlant tellement fort qu'on se demande s'il se fait là un échange de compliments ou de gros mots.

La bibliothèque – qui est aussi le bureau de mon père – est située juste en face de la salle à manger. Comme personne ne s'occupe de ma présence, je décide de m'y rendre pour constater les dégâts. Je me retourne sans trop faire de bruit pour ne pas déranger les mouches à miel et fais quelques pas dans le couloir qui sépare les deux pièces. La main tendue déjà pour tourner la poignée, ô surprise ! – il n'y a pas plus de poignée ici que de cheveux bouclés sur le crâne d'un soldat russe ! Léger recul, pour mieux voir. Je constate qu'à l'endroit de la porte quelqu'un a cloué un grand tapis, plus large que l'encadrement, qui part du plafond et qui tombe jusqu'au parquet.

J'ai compris. C'est sûrement une ruse de tante Liudunia. Il n'y a qu'elle pour penser à des camouflages pareils. Je me demande si, dans sa précipitation à cacher cette chambre aux soldats, elle n'a pas, par mégarde, cloué mon père à l'intérieur. (Je l'imagine déjà, la barbe longue, se carrant dans son fauteuil de cuir noir, rongeant d'abord les crayons, mangeant un à un les papiers, puis les livres et les draperies... Car toute prévoyante et astucieuse qu'elle soit, tante Liudunia n'aura pas pensé à lui laisser de quoi manger. Je pourrais peut-être aller chercher un petit oreiller plein de *souchari* et trouver moyen de le glisser derrière le tapis ? Il n'y a pas d'eau dans la bibliothèque, c'est vrai, mais quand mon père aura faim, il pourra toujours tremper les petits carrés de pain dans son encrier... Faudra y penser plus tard.)

En attendant, je continue la tournée. Au fond du couloir, à gauche, près de la salle de bains, la porte du cabinet d'aisance est ouverte. Un soldat est là, torse nu, penché en avant comme lorsqu'on vomit. Je me dis qu'il est malade, qu'il a trop mangé de bonbons. Ça n'arrive pas qu'aux petits. Je l'examine d'un peu plus près et constate qu'il n'est pas malade – du moins pas là où je pensais. Penché sur le siège de la cuvette, il y puise l'eau dont il asperge son visage. Je n'ai jamais rien vu de pareil. Le soldat se lave ! Il trempe dans la cuvette un torchon gris, le tord et le promène sur son visage, derrière les oreilles, sur le cou, sous les bras, puis sur la poitrine velue. À l'idée qu'il peut me demander de lui laver le dos, je m'enfuis à toute vitesse, espérant pour lui qu'avant cette séance de débarbouillage il ait pris soin de tirer la chasse d'eau.

Ma mère, que je croise, m'apprend que mon copain Lazarius est dans la rue, derrière notre maison.

— Il te faudra lui parler à travers la grille, me dit-elle. On n'a plus le droit de sortir du domaine.

Je me rends en trombe à l'endroit indiqué. J'ai hâte de revoir mon ami. C'est lui mon préféré. Lazarius a le même âge que moi. J'envie ses cheveux noirs ; les miens sont blonds. Je lui envie parfois aussi ses parents. Les siens lui permettent de jouer avec un *ragatké*[1] et son père ne lui dit jamais de se laver les mains, qu'il a toujours poisseuses.

Lazarius est comme moi : il a plusieurs prénoms. Au jardin d'enfants, c'est Lazarius ; quand

---

1. Lance-pierres. (L)

41

ça va mal, c'est Lazys ; quand tout va bien, Lazytis, et puis encore Laziukas, quand on veut obtenir une faveur de lui. Moi, c'est Aloyzas, Aliukas, Alys ou Alytis. Quand on est fâché contre Lazarius, il devient *Zydelis*[1], car il est juif. Je ne sais pas pourquoi mais les gens n'aiment pas les juifs. Ils disent qu'ils sentent le poisson, qu'ils sont méchants et voleurs. Mon oncle m'a même dit un jour qu'ils égorgent les enfants catholiques quand ceux-ci s'aventurent seuls dans le quartier de *Senas miestas*[2], et qu'ils prennent leur sang pour fabriquer ces galettes sans levain qu'on appelle les *matsai*. J'ai demandé à Lazys si c'était vrai. Il dit que ce sont des mensonges. Pourtant, quand il est fâché, il montre les dents et il menace de nous dénoncer aux tueurs de *Senas miestas*. J'ai beaucoup de mal à savoir qui ment et qui dit vrai.

Je trouve Lazys derrière les barreaux de la clôture, du côté de la *Perkuno Aléja*[3].

— Dis donc, ce n'est pas drôle chez toi aujourd'hui, dit-il d'une voix enrouée.

Mon copain doit oublier de se couvrir quand il va au lit. Il a toujours le rhume. Ce que ça peut être agaçant un gars qui renifle sans arrêt ! Il est aujourd'hui comme d'habitude. Une goutte tremble au bord de son nez rougi, une goutte que je surveille constamment malgré moi, parce qu'elle est toujours prête à tomber et qu'elle ne tombe jamais.

---

1. Petit juif. (L)
2. La vieille ville. (L)
3. L'allée du Tonnerre. (L)

— Mouche-toi, bonhomme !

Lazys hausse les épaules.

— Fais pas l'idiot, réplique-t-il. Dis-moi plutôt ce qui se passe chez toi. On n'a plus le droit d'entrer ? Est-ce qu'ils vont faire une prison ou un *durniu namas*[1] de votre domaine ?

Une des tiges de la clôture est pliée. C'est notre entrée secrète à tous les deux. Elle nous évite de faire le tour par les portes officielles.

— Viens, dis-je, tu verras toi-même.

— Et si l'on me demande ce que je fais là ?

— Tu diras que tu es mon frère ! Au fait, où est-il donc Liudas ? Je ne l'ai pas vu de la matinée.

Lazarius passe d'abord la tête à travers la clôture, puis une jambe et une épaule. Il s'étire un peu et finalement c'est le tour de l'autre moitié de son corps. Et le voici de mon côté. Du coup j'ai réellement l'impression d'avoir un deuxième frère. Celui-là au moins vise bien avec son lance-pierres.

Je raconte tout à Lazarius. Sans lui épargner le moindre détail. Notre aventure d'hier, les menaces du visiteur de la nuit, sans oublier l'homme qui se lave à l'ombre de la chasse d'eau. Lazarius est éberlué. Il a le front terriblement soucieux. S'il continue à ouvrir aussi grands ses yeux, c'est sûr qu'ils vont tomber par terre.

— Pas possible !

C'est tout ce qu'il réussit à dire. J'en sais plus encore. Je lui narre l'histoire du soldat montrant

---

1. Maison de fous. (L)

43

la langue à tante Liudunia dont Lazarius a une peur bleue. Puis, pour finir, je lui demande :

— Sais-tu ce que c'est que la famine ?

Bien entendu, il ne le sait pas. Je raconte avec assurance l'expérience de ma tante chez les révolutions-lors-des-tzars en me demandant, au fur et à mesure que j'en parle, s'il ne s'agit pas plutôt du contraire. Cette dernière révélation provoque une étrange réaction chez Lazarius. Il vient de prendre une grande décision.

— Il faut que j'aille raconter ça à mes parents, annonce-t-il en retournant vers la clôture.

Il est comme ça, il ne peut rien garder pour lui, mon ami.

Je reviens à la maison, où les choses ont évolué. Ça change à chaque instant d'ailleurs. On n'a pas le temps de s'ennuyer là-dedans. Mon père vient d'arriver. Je suis rassuré de savoir qu'il n'était pas derrière le tapis. À sa gauche, il est flanqué d'un gros soldat qui jauge la place, l'évalue, la détaille pendant que mon père explique, proteste, le front haut, les sourcils arqués, les mains sur les hanches. Je me dis que ça doit être sérieux car je n'ai jamais vu mon père élever la voix. Pourtant il doit savoir se faire obéir d'ordinaire, puisqu'il est le grand directeur de la radio, sinon à quoi servirait-il d'être chef ?

— *Idzitié vonne ribiata*[1] *!* s'écrie soudain le Russe en s'adressant aux soldats qui fouinent encore dans plusieurs pièces de la maison.

---

1. Sortez, les gars ! (R)

L'ordre les interrompt net. Les gaillards se redressent, abandonnant qui un tiroir de la commode, qui une collection de minuscules éléphants d'ivoire – souvenirs de mon père de je ne sais quel pays, et que je n'ai jamais trouvés très beaux. Ils quittent la maison un à un, nous enveloppant d'un regard dénué d'expression. Maintenant, c'est le chef qui se dirige vers la sortie. Ses lourdes semelles raclent les pierres lisses du vestibule, la porte claque et ses vibrations sonores se répercutent longuement dans la maison où nous sommes enfin seuls. Mais pour combien de temps ?

— Et maintenant, nous allons causer, annonce mon père avec une dignité lourde de tristesse.

Malheureusement, seules ma mère et ma tante (dont les malades doivent se plaindre à l'hôpital, vu qu'elle n'y est pas allée de la journée), sont admises dans le bureau. Mon frère Liudas et moi restons plantés dans le corridor à examiner le dessin du tapis qui cache toujours la porte.

Quelques jours plus tard, ma mère décide qu'il est temps de nous mettre au courant de la suite des événements. Elle commence en douce.

— Mes enfants, vous êtes sages, vous êtes grands...

Tendant une oreille soumise, je me dis qu'elle a sans doute quelque chose de désagréable à nous demander.

— Vous savez que c'est la guerre, poursuit-elle. On ne sait pas ce qui peut arriver. Les bolcheviks commencent à arrêter les innocents.

Plusieurs amis de votre père sont déjà en prison. Il se peut qu'on arrête aussi papa. C'est une question de jours. À la banque, toute notre fortune a été saisie. Nous n'avons plus un sou ! Ce que nous possédons encore ici, nous ignorons pour combien de temps il nous sera permis de le garder. D'ailleurs, vous avez vu comment ces bandits ont pillé notre maison aujourd'hui ? Rien ne les arrête ! Ce que je vous demande, mes enfants, c'est d'être bien sages et de ne jamais vous éloigner de la maison. Je ne voudrais pas que votre père soit emmené sans avoir la chance de vous embrasser une dernière fois.

Chacun des gestes de ma mère, chacune de ses paroles me glace, me terrifie. Je crois n'avoir jamais éprouvé pareille impression.

Les jours suivants se passent dans la crainte de l'arrestation. On ne rit plus, on parle peu. L'atmosphère est engluée de tristesse. Tante Liudunia est là aussi qui reste avec nous pour le temps qu'il faudra. Elle a les lèvres serrées, le front sévère. Elle est de toutes les épreuves, cette femme. Si quelqu'un est malade chez nous, c'est elle qu'on appelle. C'est la « tante-dépanneuse », la « tante-premiers-soins » au point que lorsqu'on la voit arriver, mon frère et moi, on se demande toujours si c'est pour s'occuper de notre éducation ou parce qu'un malheur s'annonce chez nous. Aujourd'hui pourtant, sa présence n'a plus la même signification. Plus nous serons nombreux, moins nous nous sentirons craintifs et impuissants dans le malheur qui nous menace. Je souhaite que toute la famille vienne. Grand-père, grand-mère, les oncles, les tantes, et surtout Vytas et Ziunka, nos braves cousins. Mais l'entrée du domaine est encore interdite.

On attend le moment... On guette la porte... Tante passe le plus clair de son temps à regarder par le judas de la porte d'entrée. C'est elle qui annoncera la nouvelle ! Son guet dure des heures, des jours entiers. Je la soupçonne même de surveiller la nuit.

Je ne sais plus combien de jours nous passons ainsi, au point que finalement nous sommes presque habitués au qui-vive, accoutumés à nous tenir sur nos gardes. Au début je ne quitte pas le porche. J'ai même l'impression que tante Liudunia m'en veut un peu de me tenir à l'avant-poste de son observatoire. Elle sait que si les soldats viennent je les apercevrai en premier. À mesure que les journées passent, je me risque jusqu'à mon carré de sable, puis, avec le temps, je me laisse apprivoiser par un groupe de soldats. Petit à petit, j'en viens à leur montrer mes jouets, tout heureux de les avoir encore. Sans doute qu'ils n'ont pas regardé sous les lits, quand ils ont fouillé la maison. Les plus gentils me demandent de jouer avec eux. Je suis impressionné par la façon qu'ils ont d'admirer le fonctionnement de mon petit train que je ne cesse de faire tourner en rond pour leur faire plaisir. Émerveillés, épatés qu'ils sont les grands soldats ! Ils se tortillent en riant, se tiennent les côtes. Leurs sourires sont lumineux. Ils me trouvent drôle, moi et mon *poyezd*[1]. Ils

---

1. Train. (L)

applaudissent, ils en redemandent. Je n'en finis plus de remonter la clé. Le train tourne, tourne, tourne... J'oublie la guerre. J'oublie qu'ils sont méchants. Pour me remercier, ils me donnent des *znadtchki*[1] représentant l'étoile rouge. Mes poches sont maintenant gonflées d'insignes. Je nage dans le bonheur. Nous sommes amis. Ils m'appellent Alioscha, je leur prête mon train. Au début, il déraille souvent. Ils apprennent bientôt à le faire rouler, seuls, sans accident. Pendant qu'ils s'amusent, j'accepte de faire leurs commissions. Maintenant, on me permet de sortir. Nous sommes amis. C'est commode d'être petit. Mon père devrait jouer avec eux ; ma tante aussi. Ils auraient le droit de quitter le domaine.

Les soldats me donnent de l'argent pour acheter des saucissons et du beurre. Ils savent le dire en lituanien, *desra* et *sviestas*. La charcuterie est dans la rue de mon ami Lazarius. Chaque fois que je vais au magasin, j'en profite pour aller le voir.

— Fous-leur de la mort-aux-rats dans les saucissons. Tu vas les voir rouler dans l'herbe !

— Imbécile, va ! Eux, ce sont des amis !

Lazarius a meilleure mémoire.

— Des amis, des gars qui veulent te zigouiller ? Des amis, des gars qui veulent flanquer ton père en prison ? C'est toi qui es un imbécile.

Je le quitte et m'en vais sans me retourner. La remarque n'est peut-être pas si bête... Du poison à rats, ça s'achète où ? Et comment

---

1. Petits insignes. (R)

48

l'introduire dans les saucissons sans que cela paraisse ? Le goût doit être atroce... Et s'ils s'en rendaient compte en croquant les saucissons ? Je règle l'affaire en me disant qu'il y a, de toute façon, trop de soldats pour le peu de saucissons que je rapporte. Ça ne marcherait jamais. Du poison à rats, il n'y pense pas... Si ça tue les rats, il n'est pas sûr du tout que ça tuerait des soldats. Des soldats russes par-dessus le marché. Je ne suis pas certain non plus qu'ils soient des hommes comme les autres.

Mon père à qui les bolcheviks ont enjoint de demeurer à la maison est toujours en attente. Il est pour ainsi dire à la disposition des occupants qui pourraient avoir besoin de lui pour expliquer le fonctionnement des manettes et des boutons du transformateur, à moins que ce ne soit pour les accompagner jusqu'à la prison. Entre le transmetteur et la maison, c'est un va-et-vient continuel. On en a toujours au moins un dans les jambes.

*

Maintenant, je circule librement dans le domaine, entrant dans les tentes, grimpant sur les tanks. Mon frère m'accompagne. Nous conversons moins par gestes : nous avons appris beaucoup de mots russes. On nous appelle même par nos prénoms, ou encore par des noms qu'on nous a donnés. Ainsi, mon frère devient Liulka, et moi Alioscha. Je compte sur mes doigts. Ça me fait cinq prénoms. Je me sens riche !

— Alioscha, va chercher du saucisson, du beurre, du pain et des sardines ! ordonnent les soldats.

Pourtant, un matin la fête est finie. La vendeuse se lamente : le magasin est complètement vide. Il n'y a plus d'arrivage. En désespoir de cause, on ferme le petit magasin.

— C'est la guerre ! conclut-elle.

Je reviens bredouille, rends l'argent aux soldats. J'explique :

— *Vaïna*[1] !

Ils ont l'air affligés. Ils devaient pourtant être au courant ! Ils font une tête comme j'en fais une quand je perds mon cerf-volant sur le toit de la maison. J'essaie de les distraire avec le petit train. Ils jouent un peu, mais sans rire comme ils le faisaient avant. Je leur chante les airs qu'ils m'ont appris, « Tri tankista, tri vissoli drouga », « Volga, Volga, mats radnaya ». Ça ne marche pas. Le train, les chansons, ils trouvent ça bien gentil, mais ça ne remplace pas le saucisson. Je leur apporte des *canfieti*[2] dans l'espoir de leur faire oublier leur peine. Ils sont bizarres les soldats russes : ils croquent les bonbons avec appétit, mais ils aimeraient mieux la saucisse.

Un matin, de bonne heure, les *tovarischtschi*[3] plient les tentes et remontent dans leurs camions. Je me dis qu'ils doivent s'en aller là où l'on vend encore du saucisson.

---

1. La guerre. (R)
2. Bonbons. (R)
3. Camarades. (R)

On se dit « *Dasvidania* »[1], les moteurs crachent une puante fumée noire, les chenilles des tanks labourent ce qui reste des plates-bandes et c'est le départ. Mais ils ne sont pas tous partis. Quelques tentes sont encore plantées près de l'entrée principale du domaine. Je viens rôder dans leur voisinage, mais une sentinelle m'en chasse. Bientôt un nouveau convoi arrive. Camions, tentes et soldats en tous points semblables aux premiers. Les hommes aux cheveux coupés ras ont la même odeur, les mêmes habitudes : ils fument des *machorki*[2] roulées dans du papier journal, chantent les mêmes chansons, rient de mon train. Seulement, eux ne doivent pas aimer le saucisson car ils ne m'en demandent pas !

Avec l'arrivée de ceux-là, l'interdiction pour chacun de sortir du domaine est levée, à condition d'être muni d'un laissez-passer. Nos cousins en profitent pour nous rendre visite. Lazarius par contre est retenu à l'entrée, mais ça ne l'affecte pas. Il vient quand même nous rejoindre par la brèche secrète et fait un pied de nez à la sentinelle, en prenant bien soin de ne pas être vu d'elle.

À la maison, les repas sont de plus en plus médiocres. Voilà belle lurette que je n'ai pas eu droit à la *pieno sriuba*[3], ma préférée. Le laitier ne vient plus. À la place de la soupe au lait, on nous sert un potage qui a la couleur du gravier.

---

1. Au revoir. (R)
2. Cigarettes. (R)
3. Soupe au lait. (L)

J'ai oublié aussi le goût des *koldunai*[1] et des *kotlétai*[2]. Les nouilles et le macaroni par contre sont de tous les repas. Ma préférence va aux *smozintos bulvés*[3] et aux *bulviniai blynai*[4]. Malheureusement la cuisinière ne veut pas en préparer tous les jours.

— L'huile et la graisse sont rares, explique ma mère à qui je me plains.

J'y vais de ma suggestion :

— Mettez de l'eau à la place de l'huile !

Ma mère éclate de rire. Je ne m'y connais vraiment pas en cuisine. Yadzia, qui ne dit jamais rien quand elle fait le service, est elle aussi secouée d'un rire sonore.

— Mettre de l'eau pour faire des fritures ! répète-t-elle en se dandinant. Ah ! ces enfants, on se demande où ils vont chercher leurs idées !

Son commentaire fait, elle se presse d'aller raconter l'incident à la cuisinière qui, en somme, devrait être la première intéressée par la recette. La grosse femme est sûrement touchée par la remarque. Je l'entends pouffer, s'étrangler. Comme d'habitude, elle devait avoir la bouche pleine. Je ne trouve pourtant rien de risible dans cette suggestion.

*

---

1. Boulettes de viande enduites de farine.
2. Viande hachée à laquelle on mêle des œufs et de la chapelure.
3. Pommes de terre crues sautées.
4. Crêpes aux pommes de terre.

Ce matin, Lazys suggère que nous allions jouer au *Vytauto parkas*, un parc situé non loin de notre *Vaiku darzelis*[1]. Comme je n'ai rien d'autre à faire, j'accepte. Au moment même où nous entrons dans le parc, nous entendons des cris aigus qui viennent de la rue. On dirait une meute de chiens que l'on bat. Mais aux hurlements se mêlent bientôt des hennissements, puis une galopade qui se rapproche.

Lazys qui est généralement très brave paraît plutôt inquiet. Nous fixons attentivement la rue dans l'espoir d'avoir l'explication de cet inquiétant tapage.

Une nuée de chevaux apparaît soudain du fond de la rue. Lazys et moi avons un mouvement de recul sans détacher pour autant nos yeux de la masse qui approche rapidement.

Maintenant, nous pouvons mieux voir la scène dans toute sa sauvagerie. Les chevaux sont innombrables. De petite taille, musclés, de couleur sombre. Leur crinière est noire et longue. Ils galopent de curieuse façon, tantôt bondissent sur les trottoirs en levant très haut les pattes de devant, tantôt bousculent leurs compagnons, se retournent, agitent la tête nerveusement. Ils sont montés par de tout petits hommes bottés qui hurlent à tue-tête en agitant d'immenses épées scintillantes qu'ils tiennent très haut. De temps à autre, ils rabaissent leur arme sur le flanc des bêtes. Tous les premiers

---

1. Jardin d'enfants. (L)

cavaliers du groupe – ils doivent être une dizaine – ont des fusils, plus courts que ceux que j'ai vus chez les soldats russes. Certains reposent sur la hanche des cavaliers tandis que d'autres sont brandis à bout de bras au-dessus de leur tête. La vision tient du cauchemar. Ces hommes sont fous. Ils sont sinistres. Lazys m'entraîne derrière un arbre. Nous tremblons de peur. Que faut-il faire ? Courir à la maison ? Impossible. La rue est occupée par la horde épouvantée. D'ailleurs, ils ne nous laisseraient pas passer. Je les vois bousculer tout sur leur passage. Une femme a à peine le temps de s'engouffrer dans l'entrée d'une maison. Les sabots des chevaux piétinent la voiturette d'enfant qu'elle poussait. Je ne peux rien distinguer, je souhaite que la femme ait eu le temps d'en retirer son bébé.

La troupe arrive déjà à l'entrée du parc en soulevant un épais nuage de poussière. On piétine sur place, comme si l'on délibérait avant de prendre une décision. J'ai le temps d'examiner de plus près ces étranges êtres. Les soldats ne ressemblent en rien aux hommes que j'ai rencontrés jusqu'ici. Leur teint est bizarrement foncé, luisant. Leurs yeux sont bridés comme ceux des Chinois. Ils ont des visages ronds, des pommettes gonflées, des mines de papier mâché. La plupart d'entre eux portent des chapeaux de fourrure. Certains sont vêtus de manteaux à capuchon en peau de daim.

Pendant que je m'attriste de les voir piétiner la pelouse du parc, un Lituanien vient nous rejoindre dans notre abri.

— Ce sont des Mongols, dit l'homme effrayé. Des Mongols ! Des brutes ! Des sauvages !

Je ne sais si ce monsieur vient près de nous pour nous rassurer ou pour nous protéger, mais j'ai nettement l'impression que, si telle est son intention, il manque son coup. Son regard ne m'inspire pas confiance, et puis nous serons probablement plus en sécurité tout seuls : notre cachette improvisée n'étant pas assez grande pour trois. Nous nous ferons sûrement remarquer, avec lui qui est aussi large que haut. Autour de nous les cavaliers ne sont pas au terme de leur lancée. Une partie d'entre eux prend la direction de la rue tandis que l'autre s'engouffre dans le parc. De nombreux coups de fusil sont tirés en l'air : le signal du départ est donné. C'est la première fois de ma vie que j'entends tirer un fusil. Ça fait un bruit terrible qui résonne sans fin dans mes oreilles. Je pense au jour pas très lointain où j'ai vu un fusil pour la première fois. Un fusil qui aurait sans doute fait un bruit identique à ceux-là. Voici que je redeviens fou d'anxiété. C'est sans doute ceux-là que redoute mon père. Et mère qui m'avait fait promettre de ne pas m'éloigner ! D'où nous sommes, il n'y a pas moyen de partir sans être remarqués. J'ai le sentiment de défaillir. Je regarde Lazys. Son visage est blême. Il s'en dégage une réprobation et un dégoût incommensurables. Je me fais tout petit pour échapper aux chevaux qui bondissent à nos côtés. Les Mongols ont repris leurs cris. J'observe avec crainte les épées qui tournoient et virevoltent à travers le gris nuage de poussière qui maintenant m'étouffe.

Nous voilà seuls à nouveau derrière notre arbre. L'homme a disparu comme par enchantement. Je ne l'ai pas vu partir et je le cherche des yeux parmi les chevaux déchaînés. Rien. C'est Lazys qui le découvre finalement perché sur l'arbre. Il nous fait signe de monter. Il nous tend la main. Nous essayons mais malheureusement nos bras sont trop courts et l'homme est trop haut. Peine perdue. Nous nous accroupissons vivement derrière le large tronc, à ras de terre. Lazys se colle à moi comme une ventouse. Recroquevillé sur lui-même, il frissonne. Maintenant je lui en veux de m'avoir entraîné si loin de la maison.

Les chevaux sont tout près de nous. Je distingue les naseaux. Une abondante écume gicle dans notre direction et la terre résonne comme un tambour tant les coups de sabots des chevaux sont violents. Tout ce vacarme m'effraie. Je pose les mains sur mes oreilles, couvrant du même coup mes tempes perlées de sueur.

Nous sommes plus morts que vifs. Derrière les chevaux, à la hauteur de mes yeux, je crois distinguer les jambes d'un homme qui court en direction de la rue. Puis les jambes d'une femme qui le suit. Les bêtes m'empêchent de voir leurs visages. De nouveaux cris retentissent. Les chevaux tournés sur eux-mêmes se sont rangés brusquement sur le côté, dégageant la vue. Maintenant je peux voir complètement à travers le voile de poussière, l'homme et la femme.

Lui est en bras de chemise. Il agite ses mains comme s'il voulait effaroucher les bêtes et leurs horribles cavaliers qui hurlent toujours.

La femme, elle, lance autour d'elle des regards terrorisés. Les Mongols s'élancent dans leur direction. La course est finie. Tout a passé comme l'éclair. J'ai à peine le temps de le réaliser. Le pauvre homme gît par terre, les bras ramenés sur sa tête. Les chevaux le piétinent par tout le corps. Je suis horrifié. Une immense clameur vibre en moi. Je crie de toutes mes forces, mais ma voix est heureusement enterrée par les hurlements des monstres. La tête inclinée maintenant contre le sol, la malheureuse compagne de l'homme, tombée à genoux, est secouée de sanglots. Elle redresse brusquement la tête à la hauteur des selles des chevaux. Sans pitié, les Mongols en profitent. Je vois des couteaux qui lancent des éclairs. Puis du sang qui gicle. Il y en a autant sur les vêtements de la victime que sur les bottes des soldats. Tordue de douleur, la femme retombe sur le sol, le visage de nouveau contre terre. Un cavalier descend de cheval et court vers elle. D'un coup de pied, il la renverse sur le dos. La femme est inerte. Avec force, l'homme lui plante son sabre dans le ventre. Le corps de la femme se raidit un moment, puis s'agite de soubresauts convulsifs. L'assassin retire la lame ensanglantée pour l'enfoncer de nouveau, après quoi il essuie son arme sur la robe de sa victime, saute vivement en selle, fouette son cheval et repart en trombe rejoindre les autres qui sont maintenant plus loin dans le parc.

Les battements de mon cœur font un bruit de forge. Un étau me coupe le souffle. Lazys non plus n'a pas fermé les yeux. Je le vois haleter. La sueur ruisselle sur son visage. Ses narines palpitent.

— Je veux rentrer, je veux rentrer. Rentrer, rentrer, répète-t-il sans cesse.

Nous ne pouvons pas partir. La bande est toujours dans le parc et les chevaux courent plus vite que nous. J'ignore combien de temps nous restons ainsi blottis contre le chêne. J'ai l'impression de vivre la journée la plus longue de ma vie. Je souhaite que quelqu'un vienne nous délivrer, mais au lieu de cela les cris de la horde retentissent de nouveau. Une poignée de cavaliers reviennent au galop pour rôder tout près du corps ensanglanté de la femme. L'homme, qui n'était pas mort, se traîne en direction d'un arbre. Il en est encore loin mais les Mongols qui le voient n'en font aucun cas. Il aura la vie sauve. J'entends les Mongols crier : « *Sayn, sayn !* » puis ils repartent à vive allure en fouettant leur monture. Voilà un autre mot que je n'oublierai jamais non plus : c'est ainsi qu'on dit « au revoir » en mongol.

Nous restons encore quelques minutes cachés, de peur que ne revienne encore la bande, mais quand arrivent des gens venus au secours du malheureux couple, nous nous risquons à quitter notre cachette. Nous nous séparons finalement à l'entrée de la maison de Lazys, sans avoir prononcé une seule syllabe. La panique s'est emparée de nous. Je sais que ni lui ni moi n'avons jamais ressenti un tel dégoût, une telle épouvante.

Je trouve ma mère à l'entrée de la propriété. Elle est entourée de deux soldats. En voyant son sourire, j'éprouve un bonheur si ardent et si rassurant que les larmes me viennent aux yeux. Je raconte rapidement et de façon désordonnée la scène que je viens de vivre. Je tremble de tous mes membres. Ma mère traduit aussitôt mon récit aux deux soldats russes. Leur réaction ne se fait pas attendre.

— *Mongoli douraki*[1] *!* disent-ils en chœur, pendant que l'un d'eux se vrille la tempe d'un index féroce.

J'ai besoin de savoir. Il me faut des explications. Je demande à ma mère :

— Les Mongols, sont-ils avec eux ou sont-ils les ennemis des Russes ?

Ma mère n'a pas à traduire la question aux militaires. Elle connaît la réponse.

— Les Mongols, dit-elle, sont des soldats russes, même si ces messieurs ne les aiment pas.

Rien n'est clair. Tout se brouille. Je découvre la complexité du monde. Ainsi, me dis-je, pendant la guerre on peut être à la fois l'ami de quelqu'un et le détester.

Ce soir-là, on me donnera une double dose de valériane avant le coucher. Mais je passe quand même la nuit dans une détresse sans fond.

*

Nous vivons les jours qui suivent dans la terreur. Les Mongols font des apparitions de plus en plus fréquentes dans le voisinage. Ils pourchassent particulièrement les femmes qu'ils

---

1. Les Mongols sont fous ! (R)

tuent sans pitié, soit en leur écrasant la tête avec la crosse de leurs fusils, soit en les éventrant avec leurs immenses couteaux.

Je ne m'éloigne plus jamais de la maison, sinon pour me rendre jusqu'à la clôture où Lazys vient parfois me rejoindre. Son lance-pierres ne le quitte pas et ses poches sont bourrées de glands de chêne. Il affirme que les glands sont des projectiles supérieurs aux cailloux et, selon lui, tout aussi douloureux.

— Si tu vises bien, dit-il, tu peux même assommer un cheval !

C'est peut-être vrai, mais d'après ce que j'ai vu des chevaux mongols, j'ai de sérieux doutes, et même si j'admire son habileté, je doute aussi un peu de son courage car il suffit maintenant qu'on entende un innocent piaffement pour que Lazys disparaisse en coup de vent. Mais il arrive parfois que tout se passe si vite qu'il n'en a pas le temps. Comme ce jour où, tous les deux appuyés contre les barreaux de la clôture, nous vîmes surgir deux Mongols. Montés sur leurs chevaux, ils avaient débouché de Dieu sait où dans la rue avec une rapidité telle que Lazys et moi étions restés cloués sur place. Nous nous cramponnions à la clôture, figés, ahuris par cette apparition soudaine. Combien de fois par la suite, je revivrais la scène comme une obsession.

Entre les chevaux, les deux cavaliers tirent le corps nu d'une femme. Chacun d'eux la tient par une jambe. Rebondissant à chaque pavé, et marquant la rue d'un long trait de sang, la tête de la malheureuse traîne sur le sol. Cette scène d'une atrocité indescriptible m'embrase le sang. Pour vaincre ma répulsion, je regarde le ciel et je tente de m'absorber dans la contemplation d'un nuage jusqu'à ce que s'estompe dans le lointain le bruit des sabots.

J'abandonne Lazys, la rue, l'énorme bouillie de sang et je m'enfuis vers la maison en me promettant bien de ne jamais plus en ressortir.

— Il n'y a donc personne qui puisse faire quelque chose pour les chasser d'ici? demandé-je à mon père.

Pour toute réponse, je reçois un regard inexpressif.

— Mais enfin, puisqu'ils tuent les gens, n'y a-t-il pas quelqu'un qui pourrait les tuer eux aussi?

Le regard inexpressif devient chargé de pitié.

— Il y en a eu, dit-il, mais ça n'a pas donné grand-chose. On ne réglera jamais rien avec des armes!

Mon brave père a horreur de parler de la guerre, des armes, de la mort.

— Parlons d'autre chose, de quelque chose qui soit gai, enchaîne-t-il d'une voix qu'il croit joyeuse mais qui sonne faux.

Des choses gaies, y en a-t-il? Et puis ça ne serait pas la réponse à mes questions.

Ma mère, c'est tout le contraire. Elle connaît les nouvelles les plus tristes et n'hésite pas à raconter les drames les plus poignants dont elle a été témoin. Elle ne croit pas que ces narrations puissent nous empêcher de dormir. Mais même si cela était, les gouttes de valériane sont toujours là.

— Les partisans ont descendu deux Mongols il y a quelques jours, annonce-t-elle sans ménagement. Les deux bandits se baignaient nus, à dos de cheval dans le Nemunas[1]. Ils ont eu droit à une salve de balles chacun. C'est bien fait. Les autres sauvages les ont enterrés dans un terrain vague, non loin de chez votre grand-père. Ces fous-là, ils les enterrent en laissant la tête sortie de terre et, croyez-le ou non, chaque soir il y a les autres qui vont leur porter une assiette pleine de nourriture pour qu'ils puissent manger la nuit.

Je me dis que puisqu'on prend la peine de donner de la nourriture aux morts c'est peut-être que les Mongols morts ne sont pas comme les autres morts. Se pourrait-il qu'ils mangent quand tout le monde dort?

— Et le lendemain matin, demandé-je, est-ce que les assiettes sont vides?

Je n'ai pour toute réponse qu'un haussement d'épaules qui ne manque pas d'éloquence. Inutile d'insister. Il faudra que je demande à grand-mère ou à mes cousins Vytas et Ziunka d'aller voir.

Ce soir-là, à table, l'envie me prend d'essayer de manger comme les deux Mongols enterrés. Je place mes mains le long de mon corps en imaginant qu'elles sont enfouies dans la terre et je plonge mon visage dans le bol de soupe. L'expérience est malheureusement interrompue par l'arrivée de tante Liudunia qui a toujours la même remarque en pareille circonstance.

---

1. Le Niémen. (L)

— Nous ne savons plus nous tenir à table ? Nous imitons les singes ?

Le ton glacial met fin instantanément à mes acrobaties expérimentales. Lorsque tante Liudunia parle au pluriel, c'est que le moment est grave. Elle ne badine pas. D'ailleurs, je l'ai rarement vue plaisanter même lorsqu'elle parle au singulier. Je me dis souvent qu'elle doit s'entraîner à être sévère avec nous, afin de mieux se faire obéir de ses malades à qui elle ne doit administrer que de l'huile de foie de morue et d'abominables sirops noirs et amers.

C'est mon frère qui rompt le silence, en débitant une sottise sur un ton tout à fait innocent. Il en a l'habitude.

— Quand vos malades meurent à l'hôpital, est-ce que vous leur donnez à manger au cimetière vous aussi ?

Nous sommes vraiment sur la même longueur d'ondes, lui et moi. Je sens venir l'orage, mais je suis curieux de savoir comment tante va s'en sortir.

— Nous ne parlons pas la bouche pleine, tonne-t-elle. Lorsque nous sommes des enfants bien élevés, nous ne parlons d'ailleurs jamais à table !

Elle est superbe. Jamais prise au dépourvu. Toujours la réponse prête au moment voulu. Quant à ma mère, je me demande si elle s'attendait à ce que son histoire en vînt là. Le repas qui se poursuit dans le silence ne dure pas longtemps. L'image obsédante des morts-mourants-de-faim au cimetière nous rétrécit singulièrement l'appétit.

*

Je quitte moins la maison depuis quelque temps et j'arrive à vaincre la tristesse de ces journées insensées et sans avenir en jouant avec mon frère. Je suis sans nouvelles de Lazys, j'ignore tout de la vie que mènent nos cousins qui vivent à l'extrémité opposée de la ville, non loin du Nemunas, près des deux morts-affamés-Mongols. Je commence à m'habituer à cette vie monotone qui semble vouloir se prolonger quand, un matin, la visite inattendue d'un soldat russe, porteur d'un ordre écrit, met fin à la quiétude de la maison. Il remet un papier à mon père, dit quelques mots en russe, puis quitte aussitôt la maison en claquant la porte derrière lui. Je fais des efforts inimaginables pour deviner ce qu'il a bien pu nous annoncer. Je sens que la nouvelle est d'une gravité telle qu'il faut attendre sans parler. D'ailleurs personne ne dit mot. Les sourcils arqués et le front soucieux, mon père lit le document, puis le relit. Le mystérieux papier passe ensuite dans les mains de ma mère puis dans celles de notre tante. Mon père regarde sa montre d'un œil vide de toute pensée. Arrivées sur les entrefaites, la cuisinière et la servante sont là aussi. La première renifle bruyamment pendant que Yadzia lève les yeux au plafond comme pour y adresser une émouvante invocation. Elle qui est d'habitude si jolie m'apparaît soudainement transformée, avec son front plissé, sa mine plutôt sinistre.

Amer et désabusé, mon père rompt enfin ce silence qui commençait à nous peser.

— Nous n'avons que six heures pour quitter les lieux! annonce-t-il en détachant agressivement les syllabes.

Tante Liudunia souligne cette constatation d'un long et lugubre soupir. Ma mère fait aussitôt une observation qui, j'en ai la conviction, exercera sur ma vie une influence profonde.

— On nous prend notre argent, on nous chasse de notre maison, mais le principal c'est qu'on ne nous sépare pas! Tant que nous pourrons vivre ensemble nous serons heureux.

Les larmes qui inondent ses yeux ne sont pas que des larmes de peine; s'y mêlent aussi des larmes de gratitude. Je les vois perler au bord de ses longs cils, y trembloter un moment avant de couler sur son joli visage torturé. Un nouveau malheur vient de nous frapper, soit. Mais il aurait pu tout aussi bien s'agir d'un mandat d'arrêt. Nous avions craintivement attendu l'arrestation de notre père : les Russes nous permettent de le garder avec nous. Si vive est mon émotion que je ne peux proférer aucune syllabe pour exprimer mon soulagement.

Le temps presse. Mon père disparaît au pas de course pour tenter de trouver un logement en ville; les quatre femmes entreprennent de faire les bagages. Au bout d'une heure à peine, caisses, coffres et valises s'accumulent. On a peine à circuler d'une pièce à l'autre. Il se fait quand même un tri, car il ne nous est pas permis de tout emporter. Ce sera dommage pour le gigantesque fauteuil de cuir dans le bureau de mon père sur lequel il me laisse glisser quand je suis en pyjama, mais ce sera tant mieux pour l'affreux buffet aux portes grinçantes qui m'a toujours donné l'impression d'un monstre de bois assis dans un coin de la salle à manger.

Nous avons le droit, mon frère et moi, d'emporter nos jouets à condition de les porter dans nos mains. Autant dire que nous laisserons presque tous nos trésors derrière nous. Je refuse de les abandonner aux inconnus. Aussi, fais-je venir Lazys pour lui offrir ce que j'ai de plus cher, y compris mon train miniature dont je ne me consolerai jamais.

On se tait farouchement. On remplit les boîtes, on emballe, on empile les effets en silence. Une grande tension plane sur cette corvée pendant laquelle chacun sent l'inutilité de parler de soi ou de ses besoins.

Deux tranches de pain noir et quelques carrés de sucre apportés par Yadzia remplaceront le repas. Liudas et moi mangeons chacun notre part en attendant avec impatience le moment du départ.

À la fin de l'après-midi, mon père arrive accompagné d'un homme moustachu. Il semble un peu plus gai qu'à son départ.

— J'ai trouvé un logement! Nous sommes sauvés!

Puis, désignant l'inconnu à la moustache retroussée comme des cornes de vache, il ajoute :

— Ce monsieur a bien voulu nous prêter son cheval pour nous déménager.

Il est plein d'enthousiasme et de vivacité, celui-là. Il prend à peine le temps de saluer. Il sait que nous sommes pressés de partir. Ses yeux évaluent rapidement les objets à transporter. Il suppute le travail pendant qu'il fait glisser un doigt entre son cou et le col de sa chemise déjà trempée de sueur. Pourtant, le déménagement n'a même pas commencé. Quelques instants se passent dans cette contemplation, et voici qu'une créature plutôt hommasse, mais petite et rieuse, vient rejoindre le brave moustachu. C'est sa femme. Dès lors, commence le remue-ménage. À eux deux ils emportent gaiement les meubles essentiels à notre nouvelle vie, les caisses, les boîtes, les valises et les baluchons, qui sont soigneusement entassés dans une longue charrette à foin attelée à un robuste cheval brun.

Par l'air qu'elle affecte, j'ai l'impression que tante Liudunia n'apprécie pas trop la gaieté des déménageurs. Elle la juge sûrement déplacée, inopportune. La bonne humeur du couple est pourtant bienfaisante et, comme elle est communicative, nous finissons tous par être déridés, sauf tante Liudunia, bien entendu.

Au bout d'une heure, la charrette est tellement chargée qu'elle ressemble plus à une montagne qu'à une voiture tirée par un cheval. La pauvre bête m'a l'air d'examiner la cargaison d'un air déprimé. Mon frère et moi lui portons un peu d'herbe pour la faire manger. Il n'est pas question d'augmenter sa charge. Nous irons donc à pied, comme à un enterrement. Avant de partir, le convoi funèbre est inspecté une dernière fois. La cuisinière et Yadzia profitent de l'accalmie pour nous faire leurs adieux. Quand elles m'étreignent, j'apprends avec consternation qu'elles ne nous suivront pas. Nous n'aurons plus l'espace ni les moyens de les garder à notre service. Je m'interroge aussitôt sur l'aspect qu'aura cette nouvelle demeure ainsi que sur la façon dont ma mère s'y prendra pour toutes choses.

Inquiet, je m'empresse de l'interroger sur ses capacités de cuisinière.

— Maman, savez-vous faire la soupe au lait et les *abridukai*[1] ?

Trop occupée à pousser la charrette avec les autres, vu que le cheval ne réussit pas à démarrer, ma mère ne répond pas. Une fois l'élan donné, tout semble mieux aller. Encouragé par cette généreuse poussée, le cheval réussit seul à tirer la montagne. Dans le déplacement, les jantes de fer des roues font un grincement effroyable. À chaque instant, j'ai l'impression que la cargaison va s'écrouler, laissant choir sur le pavé tout ce que nous avons de plus précieux : les médailles de mon père, sa collection de timbres, les bijoux de ma mère et l'argenterie.

Notre déménagement ressemble maintenant à une procession. Il ne manque plus que la musique. Voisins, amis et badauds viennent nous rejoindre, qui pour prendre des nouvelles, qui pour nous alléger des quelques fardeaux

---

1. Boulettes de farine. (L)

transportés dans nos bras. Tandis que mes parents acceptent d'être aidés, je refuse obstinément. Je porterai moi-même ma *kanklés*[1] – unique jouet dont je ne me sois pas départi en quittant la maison.

Fort heureusement pour le cheval autant que pour nous, le numéro 3 du *Mintiesrratas*[2] (quel drôle de nom pour une rue!) n'est pas loin. Nous y parvenons épuisés après avoir contourné au pas de tortue la chênaie immense.

La maison de bois à deux étages est grise et triste.

— Nous occuperons le rez-de-chaussée, dit mon père.

J'en fais rapidement le tour pour découvrir une minuscule cuisine, une salle à manger, un salon et deux chambres. Voilà le château. Par surcroît, on nous interdira d'utiliser la porte d'entrée principale qui conduit au salon, car cette pièce sera sous-louée pour aider à payer le loyer.

La charrette est vidée en un tournemain. Il manquera beaucoup de meubles, et il faut nous résigner au fait que ce que nous n'avons pu emporter d'un seul coup est perdu à tout jamais. Nous n'avons pas le droit de retourner chez nous.

L'émotion est à son comble. M. Ulba, le voisin du dessus à l'allure sportive, nous accueille selon la tradition, avec un morceau de pain noir et une pincée de sel. Il offre un verre de vodka aux adultes, pour que soient chassés

---

1. Cithare. (L)
2. Rond-Point de l'Esprit. (L)

de la maison les mauvais esprits et que notre séjour soit heureux.

Le moustachu, dodu et ruisselant de sueur, trinque avec les autres avant de quitter notre nouvelle demeure. Il refuse catégoriquement d'être payé pour sa peine et c'est de force que ma mère parvient à enfouir quelques billets de banque dans sa poche.

Quelques heures plus tard, mère retrouvera cet argent dans un abat-jour du plafonnier.

— Dieu merci, il reste encore de bonnes gens ! soupire-t-elle.

J'hérite d'un coin de la salle à manger qui sera aussi le salon. Mon lit, le plus petit de tous, est installé en premier. Je m'y étends, épuisé et tremblant, pour m'assoupir. Je me demande si tous les mauvais esprits ont déguerpi... Il s'en trouve peut-être que le pain noir et la pincée de sel ne dérangent pas ! Comme je n'ai encore jamais rencontré de mauvais esprits, je suppose qu'ils doivent ressembler à ce que je connais de plus vilain au monde. Je leur compose des visages de cosaques et finis par rejoindre mes parents dans leur lit tant mon imagination et l'obscurité de la maison m'affolent.

Au moindre aboiement dans le voisinage, je m'éveille en sursaut. Mes rêves sont peuplés de chevaux étranges aux babines frémissantes, aux crocs acérés. Des chevaux comme il ne s'en trouve nulle part ailleurs que dans mes cauche-mars. Il ne se passe plus une nuit sans que je ne voie des armées de Mongols, au regard borné et sournois, qui brandissent d'énormes couteaux menaçants. Ma mère a beau m'apaiser en m'assurant que nous sommes à l'abri, que les meurtriers sont loin, je ne la crois pas. Les meurtriers sont peut-être loin, mais je sais qu'il y a encore des Mongols dans le voisinage. Des nuits entières, blotti contre mon père, je ne peux pas ne pas penser à eux. J'entends au loin de longs cris aigus qui percent la nuit et qui se prolongent, et j'essaie de me persuader qu'il s'agit de chiens apeurés et non pas de Mongols qui hurlent. Mais en vain.

Une nuit on me retrouve endormi sous le lit. Même la valériane ne me fait plus d'effet. Tous les jours, de nouveaux visages se penchent sur moi, apitoyés. Ce sont toutes ces personnes à qui ma mère raconte mes cauchemars. Parents et amis multiplient les conseils, mais bientôt ils ne savent plus que faire. Finalement le curé de notre nouvelle paroisse vient me visiter. J'embrasse sa main. Il me donne sa bénédiction et de jolies images.

— Y a-t-il quelque chose d'autre que tu aimerais avoir ?

Je n'ai pas besoin de jouets. Je n'ai plus le goût au jeu.

— Pouvez-vous faire partir les Russes et les Mongols ?

Le prêtre fait un vilain sourire pareil à une grimace.

— Tu en demandes beaucoup !

— Vous ne le pouvez pas ?

— C'est-à-dire que...

Je suis tellement déçu de lui que cela paraît sûrement sur mon visage : je le vois qui se trouble.

— Tu n'aurais pas autre chose de moins compliqué ? reprend-il dans l'espoir de renouer cette nouvelle amitié qui lui échappe déjà. Les Russes et les Mongols, c'est beaucoup trop demander !

— Alors faites seulement partir les Mongols, ça sera déjà pas mal !

Le curé esquisse un geste de départ, mais il ne se lève pas. Il dit d'une voix basse, comme lorsqu'on confie un grand secret à quelqu'un :

— Moi, je ne le peux pas, mais je connais quelqu'un qui peut tout !

À la bonne heure ! Du coup, je le trouve intéressant.

— Si tu pries beaucoup, beaucoup, et très sérieusement, je suis certain que le bon Dieu t'écoutera. Il ne sait rien refuser aux petits enfants comme toi.

Dès son départ, je cours m'enfermer dans la chambre à coucher de mes parents. Il vaut mieux commencer tout de suite. L'unique prière que je connaisse, c'est le Notre Père. Je la récite du mieux que je peux, à genoux, les yeux fermés et les poings serrés très fort. Je la récite sans arrêt en prenant soin de n'escamoter aucune syllabe. Et je recommence le même soir avant de me coucher, à genoux au pied de mon lit, et encore après, la tête enfouie dans l'oreiller. Finalement, épuisé, le sommeil me gagne pendant que je fais des efforts surhumains pour murmurer : *Téve musu, kurs esi danguje...*

Le lendemain matin, dès mon réveil, je cours à la cuisine questionner ma mère.

— Alors, ils sont partis ?

Ma mère est surprise.

— Qui ça « ils » ?

— Mais les Mongols, voyons ! dis-je en imprimant à ma voix une vibration de colère. Le curé m'a promis que...

— Mais non, coupe-t-elle avec une bonhomie nuancée d'indulgence. Ils sont toujours là !

Cette nouvelle m'attriste, me bouleverse. Du coup j'exècre, j'abomine, je hais, je méprise le curé ; sa soutane, ses images, ses prières et son bon Dieu. Il m'a eu. Qu'il ne revienne plus ici sinon je lui dirai son fait ! Au lieu de lui baiser la main, je lui cracherai dessus ! Ce sera bien fait pour lui.

Il y a un désordre fou dans mes pensées. Ma mère me contemple avec compassion. Mais elle ne comprend rien à mon désarroi.

Quelques jours plus tard, l'oncle Juozas, frère de ma mère, nous apporte des nouvelles.

— Les partisans s'organisent ! dit-il d'un ton feutré. Ils attaquent les Russes la nuit. Ça doit commencer à ennuyer sérieusement l'occupant, puisqu'on vient d'annoncer que toute personne surprise à héberger un partisan chez elle sera fusillée sans rémission !

Nous passons la nuit suivante dans la terreur. Une bruyante fusillade s'engage dans notre rue. Aux petites heures du matin, un homme frappe au carreau de la chambre à coucher.

— Frère, ouvre-moi ! supplie l'inconnu.

D'un saut, mon père est à la porte mais ma mère le retient.

— Attends, murmure-t-elle. Où allons-nous le cacher ? C'est pure folie !

Dehors l'inconnu insiste.

— Ouvrez ! Ouvrez ! crie-t-il, la bouche collée à la fenêtre.

Je suis transi de peur.

L'inconnu n'est pas seul. On entend chuchoter.

— Ouvrez, vous dis-je. Vite !

Énervé, mon père s'agite.

— Il faut absolument faire quelque chose, grommelle-t-il.

Puis, poussé par on ne sait quel réflexe ou désir de se justifier, il rompt le silence, en lançant d'une voix sonore :

— Il n'y a personne dans cette maison !

C'est Liudas qui est le premier à remarquer l'absurdité de ces paroles.

— Quand il n'y a personne... personne ne parle d'habitude ! dit-il assez justement du fond de son lit.

Ce non-sens nous détend, et nerveusement nous pouffons de rire. Dehors, l'inconnu s'est calmé. A-t-il entendu la voix de mon père ? Il l'a peut-être confondue avec celle d'un des siens ; ce qui expliquerait son départ de la cour.

Une double dose de valériane a finalement raison de notre tremblement. Pour ma part, je m'endors au moment où le soleil commence à embraser les vitres de la chambre.

Le lendemain, l'oncle Juozas arrive essoufflé avec d'autres nouvelles.

— Les bolcheviks ont trouvé un nouveau truc. Ils se font accompagner par des provocateurs et frappent aux portes des gens, la nuit, pour leur demander asile. Sitôt qu'on a ouvert, ils tirent à bout portant, sous prétexte qu'on a voulu aider les partisans. En semant la terreur parmi la population ils sont assurés qu'on n'aidera pas les partisans. Ils sont malins, les maudits !

Ma mère est interloquée. La rougeur empourpre son visage. Je sais qu'elle pense à l'aventure de la nuit passée. Un frisson parcourt tout mon être, pendant que dans ma tête j'essaie de composer des images pour coller au nouveau mot appris dans la journée, un mot qui semble terrible : « provocateurs ».

Mais qu'est-ce qu'ils ont ces gens à être méchants tous ensemble ?

On me trouve encore nerveux, toujours pâle, troublé. J'irai donc passer quelques jours à notre villa de Pazaislis en compagnie de la tante Valé, une autre sœur de ma mère.

J'aime beaucoup ma tante Valé. C'est une grande femme aux tresses blondes. Elle est très belle. Et puis c'est la personne la plus douce que je connaisse. Elle est sage-femme. C'est un beau métier. Elle est toujours en compagnie des cigognes. Ce n'est pas tout le monde qui peut parler aux cigognes pour les persuader d'apporter les bébés. Tante Valé, elle, le sait ! Elle m'a promis qu'un jour elle me dirait comment il faut parler aux cigognes. J'espère qu'elle n'oubliera pas. Avec tout ce qui se passe, il arrive qu'on oublie des choses. Même des choses importantes.

Son mari, c'est l'oncle Henrikas, un militaire. Je ne sais pas au juste s'il est capitaine, lieutenant, colonel ou général. Mais je sais qu'il est chauve, sévère, et qu'il ne rit jamais. Il porte un monocle et il a une série de médailles sur la poitrine. L'oncle Henrikas boite. Il a été blessé à la guerre. J'ignore à quelle guerre ; il ne nous l'a jamais dit. Il nous parle rarement d'ailleurs ; il a les enfants en horreur. Il trouve qu'ils font trop de bruit, qu'ils posent trop de questions, mais surtout ils l'empêchent d'écouter les nouvelles à la radio. On affirme qu'il suit des émissions clandestines ; mais il ne faut le répéter à personne. Un jour mon frère, mes cousins et moi, nous lui avons apporté une petite boîte en cadeau. Elle était pleine de mouches encore en vie que nous avions mis toute une journée à capturer. Lorsqu'il a ouvert la boîte, les mouches se sont échappées dans son bureau. Comme il n'a pas prisé la plaisanterie, mon frère lui a coupé en douce le fil de son antenne.

Je suis content d'aller à Pazaislis pour quelques jours, tout seul avec ma tante. Cette maison de campagne est située tout près d'un bois où une brise tiède, parfumée de l'odeur des cèdres, souffle sans cesse. Nous y serons en paix.

*

En arrivant à Pazaislis, je suis consterné d'apprendre que les Russes y sont aussi. Ils campent partout le long des routes. On dirait qu'ils y sont même plus nombreux qu'ailleurs. Je retrouve les mêmes tanks, les mêmes camions.

J'entends les mêmes chansons, je revois les mêmes uniformes.

Fort heureusement, notre villa n'a pas été touchée. Ponas [1] Petras, notre homme à tout faire qui est sacristain et organiste de son métier, a veillé à ce que la maison soit accueillante à notre arrivée. Il a balayé l'entrée, mis un bouquet de fleurs sur la table, apporté du lait frais et de la crème.

Je passe des journées merveilleuses à manger des légumes de notre jardin et à écouter les contes de ma bonne tante que j'adore. De temps en temps, je fais des excursions dans le bois avec Ponas Petras qui fabrique pour moi des *skuduciai* [2] et des *lumzdeliai* [3] avec des branches d'arbres. Il connaît des tas de choses. Il passe des heures à me parler de mes arrière-arrière-arrière-grands-parents qui vivaient, longtemps avant le temps du Christ, dans de gigantesques et mystérieuses forêts et qui se nourrissaient uniquement du produit de leurs chasses. Vers l'an 310 avant l'ère chrétienne – à l'époque des voyages du grand navigateur Pythéas – ils avaient abandonné cavernes et marais pour se construire des maisons dans les plaines découvertes et bâtir des granges pour les récoltes.

— Comme c'est loin, tout ça ! Bien avant le Christ, répète Ponas Petras. Ils croyaient que l'âme vivait toujours, même après la mort. Et

---

1. Monsieur. (L)
2. Sorte de flûte de Pan.
3. Genre de chalumeau.

quand ils ensevelissaient leurs morts ils mettaient avec eux dans la terre les objets précieux de leur vie : couteaux, ciseaux, faucilles en fer et boutons de bronze ou d'argent, agrafes et pendants d'oreilles, colliers de verre et autres ornements...

J'écoute religieusement Ponas Petras me parler de cette vie ancienne, dans cette langue qui chante, harmonieuse et rythmée, et qui est la mienne. Il m'enseigne des *giesmes*[1] que je ne connaissais pas. J'écoute sans me lasser ses interminables *raudos*[2] qui racontent les exploits d'héroïques chevaliers lituaniens. Et quand il trouve que je suis trop triste, Ponas Petras me chante des *dainos*[3] d'une voix discordante qui ne manque jamais de me faire rire. À la maison, avec tante Valé, nous entamons en chœur de gaies *sutartines*[4].

En plus d'avoir une voix merveilleuse, Ponas Petras est un homme extraordinaire qui connaît tout. Il m'apprend mon pays.

— Sais-tu pourquoi on chante tant dans notre pays ? me demande-t-il. Non ? Eh bien ! je vais te le dire. C'est que, pour danser, il faudrait cesser de travailler, avoir les mains et les pieds libres, tandis que le chant n'empêche pas la besogne. Il accompagne le paysan du matin jusqu'au soir. Il fait la tâche légère. Chez nous, quand on danse, c'est que

---

1. Chants accompagnés de musique.
2. Chants tristes.
3. Genre de ballades.
4. Rondes.

le travail est fini. Comme après la moisson, par exemple.

Personne ne m'a jamais autant parlé de *Lietuva*[1] que Ponas Petras.

— Nous avons de la chance d'être nés ici, m'assure-t-il. C'est le plus vieux pays de l'Europe. Il est couvert de lacs, sillonné abondamment de cours d'eau, rempli de forêts immenses…

Il parle du rivage de la mer Baltique, du bassin du Niémen et de la Dwina jusqu'à la Vistule…

Avec une brindille, il trace dans la terre meuble la géographie de mon pays. Ça ressemble aux veines qu'il a sur les mains et les bras. Je vois les rivières toutes bleues qui coulent sous sa peau. Il parle, parle… et me découpe la Lituanie en faisant bien attention de ne pas gêner les manœuvres des colonnes de fourmis qui s'affairent. Comme autrefois mes ancêtres. Il dit encore :

— Notre langue est une des langues les plus anciennes du monde. Si belle et si pure qu'elle ne renferme pas de gros mots ; tous ceux que certaines gens disent viennent d'une langue étrangère.

Il parle avec passion, son regard maintenant vrillé dans mes yeux, comme lorsqu'on a quelque chose d'extrêmement important à ajouter. Ses leçons, je le sais, resteront gravées dans mon esprit.

---

1. Lituanie.

— Aime toujours ton pays, quoi qu'il puisse t'arriver. Et qui sait ? Si jamais tu dois le quitter un jour, ne l'oublie pas !

Il n'a rien à craindre. Nous nous levons, et je prends bien garde de ne pas poser le pied sur la Lituanie qu'il m'a dessinée et qui grouille de fourmis besogneuses.

Nous explorons les bois de plus en plus fréquemment maintenant. Je remarque qu'en quittant la villa nous nous arrêtons toujours à la maison de Ponas Petras, à l'entrée de la forêt, pour y prendre un paquet qu'il abandonne ensuite, sans l'ouvrir, au pied d'un arbre. Toujours le même.

Quand je lui ai demandé pourquoi, Ponas Petras m'a souri, puis s'est penché légèrement vers moi pour demander sur un ton de confidence :

— Peux-tu garder un secret ?

Fallait réfléchir vite.

— Je ne pourrai même pas le dire à tante Valé ?

— Un secret est un secret. Si l'on ne peut pas le garder pour soi ce n'est plus un secret !

— Alors, c'est promis !

Ponas Petras s'est assis un moment, puis après avoir aspiré une goulée d'air, il m'a dit :

— Dans ces paquets, il y a un peu de nourriture pour les partisans et parfois aussi des lettres de leurs parents, ou des messages.

Je suis estomaqué. C'est sûrement une chose défendue.

— Il ne faudra le dire à personne, précise-t-il.

Fier de la confiance qu'il me témoigne, j'en conviens par un bref acquiescement.

— Les partisans, ce sont des hommes qui aiment notre pays plus que n'importe qui. Ils sont prêts à mourir pour le défendre! Un jour peut-être tu les verras quelque part dans la forêt d'où ils ne sortent que la nuit. Un grand nombre d'entre eux sont mes amis.

J'avale ma salive avec difficulté. J'aimerais en savoir plus long mais c'est déjà le temps du retour. Je me sens à la fois gai et nostalgique. J'admire Ponas Petras encore plus qu'avant.

À la maison, tante Valé a fait un bon repas. Sa soupe au lait est meilleure que celle de ma mère et ses crêpes aux pommes de terre sont croustillantes. La crème non plus ne manque pas. Je suis heureux de vivre ici. Il me semble que la vie va reprendre comme avant.

Pourtant, au cours de la nuit, il y a de l'agitation sur la route. J'entends des galopades, des ronronnements de moteurs. Les chenilles des tanks labourent le chemin de gravier.

Ma paix retrouvée a eu la vie courte. Non, ce n'est pas possible que plus jamais rien ne soit comme avant! Je me le répète tant de fois que ce devrait être une leçon bien apprise. Pourtant...

Ponas Petras vient tard dans la journée, les yeux bouffis de fatigue. Il paraît très préoccupé. Pour la première fois, je le vois discuter des événements avec ma tante. Lorsque j'approche, dans l'espoir de saisir quelques bribes de leur conversation, j'arrive trop tard.

— Tout va s'arranger, vous verrez! déclare tante Valé dans un sourire indéfinissable qui met fin à leur mystérieux bavardage.

J'invite Ponas Petras à venir se promener avec moi. Lorsque nous sommes dehors, je le vois prendre une direction opposée au bois.

— On ne va pas dans la forêt?

— Pas aujourd'hui, dit-il un peu sèchement et confusément inquiet. Ça ne serait pas prudent. Et puis j'ai une course à faire du côté du cimetière.

— Ah oui?

— Depuis quelques jours, on voit plusieurs camions russes rôder dans cette région. Il faut savoir pourquoi...

Le cimetière est loin. Un paysan nous permet de faire un bout de route dans sa charrette à foin. Nous faisons ce qui reste du chemin à pied.

Je ne suis jamais allé dans un autre cimetière que celui de Kaunas. Le jour des Morts, quand toutes les tombes sont illuminées de milliers de bougies, on dirait un immense gâteau d'anniversaire.

Ponas Petras scrute l'horizon pour voir s'il n'y aurait pas des soldats russes. On ne voit personne. Le brave homme me prend par la main et nous entrons tous deux dans la triste enceinte, presque sur la pointe des pieds, comme si l'accès nous en était interdit.

— Tiens, des traces de pneus...

Sa voix est mal assurée, tandis qu'il constate et souligne en pointant son doigt vers le sol.

Nous suivons ces empreintes attentivement jusqu'au fond du cimetière où se trouve un dégagement pareil à une plate-bande. Les traces de pneus se croisent, s'entremêlent. Les fleurs sont écrasées. Ponas Petras scrute, cherche. Il se penche sur le moindre objet par terre, lève ses yeux, examine les grands arbres qui bordent la propriété-des-morts, mais ne voit rien. Il est vrai que l'endroit est ombragé, et puis le jour commence à décliner.

— Qu'est-ce qu'ils sont venus faire ici? demande tout haut Ponas Petras en cherchant toujours une explication.

Je voudrais bien l'aider, mais comment? Je ne découvre rien qui puisse l'intéresser.

— Il doit pourtant y avoir une raison... reprend-il avec une infinie lassitude dans le ton.

Soudain, un bruit de moteur nous fait sursauter. Ça vient de la route. Ponas Petras tend l'oreille.

— Un camion, dit-il.

Il a le feu aux joues. Les narines de son grand nez palpitent.

— Ne prenons pas de risque inutile, lance-t-il.

Nous courons vers un arbre. Agile comme un singe, Ponas Petras me prend par la taille et me juche sur une branche.

— Accroche-toi vite, je te rejoins!

Il a le réflexe prompt. Un mouvement, une torsion, il est à mes côtés, l'œil attentif.

— C'est un camion russe... Il approche! Il vaut mieux nous cacher. Grimpons!

J'aime bien grimper aux arbres, mais je n'y suis pas très habile, faute d'expérience. On déchire sa culotte et on se fait gronder, et les adultes ont des façons de vous en enlever le goût à tout jamais par des arguments qui supportent mal la discussion. « Ce n'est pas tellement la culotte qui importe, mais si tu te cassais un membre... ? » On a beau dire et beau faire, la crainte s'installe. Il en reste toujours quelque chose.

Avec Ponas Petras au cimetière, ma peur est plus forte que tout le reste. Je rassemble toutes mes énergies, car un mystérieux danger nous menace. Mon compagnon me pousse puis, lorsqu'il voit que je suis à bout de force, il grimpe au-dessus de moi et me tire rapidement à sa hauteur.

Quand nous atteignons presque le sommet de l'arbre, le camion vert est tout près de l'entrée du cimetière. Il faut rester où nous sommes car si nous continuons à grimper, les branches céderont sous notre poids. Le bruit du moteur se fait de plus en plus irritant. J'ai hâte qu'il s'éloigne. Nous le fixons tous les deux pour juger du chemin qu'il va prendre.

Malheur ! La direction tourne subitement et le lourd véhicule s'engage dans l'allée centrale du cimetière, sans la moindre hésitation. Il approche comme s'il venait à notre rencontre. Je tremble d'effroi et regarde Ponas Petras dont la physionomie reflète le désespoir. Il me fait signe de ne pas bouger. Je me colle aussitôt à lui en faisant un grand effort pour ralentir ma respiration.

En bas, le véhicule s'est immobilisé juste au pied de notre arbre. Si jamais la branche cédait, nous nous retrouverions immanquablement sur la toile tendue du camion.

Trois soldats descendent de la cabine. Ils abaissent le panneau arrière du véhicule, et je vois sauter plusieurs soldats armés. Certains portent un képi avec une large visière tandis que d'autres sont coiffés d'une calotte. Seul le chauffeur a un casque de fer.

Pendant que le camion continue à se vider, deux militaires armés vont à pied jusqu'aux grilles d'entrée du cimetière où ils s'installent, visiblement pour en surveiller l'entrée et en interdire l'accès.

Un homme vêtu en civil descend à son tour. Il porte un brassard rouge à son bras. On l'entoure aussitôt. On crie des ordres en russe.

Réfugié sous le bras de Ponas Petras, les jambes en équilibre sur une branche, j'écoute le double martèlement de son cœur et du mien. Nous ne bougeons pas et respirons avec peine.

Soudain, je vois descendre quatre hommes mal rasés, en bras de chemise, les mains liées dans le dos. Les soldats les bousculent, leur donnant des coups de pied. Les quatre prisonniers ne protestent pas. Ils se rendent docilement jusqu'à l'avant du véhicule devant lequel on leur ordonne de s'immobiliser.

La chemise de mon ami est inondée de sueur. Il est brûlant et le tremblement nerveux qui le secoue se communique à moi. Jamais je n'oublierai ce qui allait se passer ensuite. Personne ne pourra jamais me l'effacer de l'esprit.

Un des quatre hommes est amené de force au pied d'un arbre. On l'y attache solidement, pendant que l'individu au brassard rouge lui pose des questions dont je ne saisis pas la nature. Le malheureux ligoté secoue la tête. Il ne sait pas ou ne veut pas... Il crie. L'autre lui décoche un violent coup de pied au ventre, lui écrase son poing dans le visage. Un sillon sanglant se dessine aussitôt de l'oreille à la bouche. Le sang souille son visage, ruisselle sur le cou, imbibant la chemise.

Il commence à faire sombre. Un soldat va allumer les phares du camion pendant que les trois prisonniers sont gardés à vue devant le faisceau lumineux, face à leur camarade. Sans doute pour leur donner une leçon. Ou bien leur tour viendra ensuite.

L'interruption est de courte durée. Le pauvre homme gémit maintenant comme un chien que l'on fouette. Un robuste soldat vient ensuite prêter main forte à son compagnon. De toutes ses forces, il lui assène la crosse de son fusil sur la tête. Le malheureux hurle de douleur et sans doute aussi de terreur. Les coups pleuvent sans rémission. Ils cinglent et résonnent jusqu'à notre arbre, en se répercutant dans tout mon être. Des morceaux de chair sanguinolente pendent sur la joue. Son visage et sa poitrine sont striés de ruisseaux de sang. Son corps est disloqué. Je ne peux détacher mes yeux de l'horrible spectacle. L'homme battu ne profère plus un son. Il doit être déjà mort quand l'horrible individu au brassard rouge l'approche, un long couteau dans la main. Poussé par une rage surhumaine, il plonge son arme profondément dans le ventre de sa victime puis, d'un seul mouvement, tire vers le haut en ouvrant le malheureux comme un lapin.

Les ongles s'enfoncent dans la chair de mes poings crispés et une panique, une nausée indescriptibles s'emparent de moi. Tout mon être se cabre. Mon cœur cogne atrocement contre ma poitrine et un brouillard de sang trouble ma vue. Je voudrais être loin d'ici. Arracher de mes yeux ce que j'ai vu. Oublier. Je pense même que je vais choir sur le toit du camion. J'enfouis alors ma tête sous les bras de Ponas Petras qui me serre de toutes ses forces.

J'entends crier, j'entends des pas, et puis des balles. Encore des cris. Que se passe-t-il? Quelqu'un a-t-il tiré sur les soldats ou bien les prisonniers ont-ils tenté de s'évader? Je ne le saurai jamais. Le bras de mon ami m'étreint trop fort, volontairement sans doute et pour que je ne puisse rien voir. Il a raison de penser ainsi, mais je sais combien c'est inutile, car en plus d'être momentanément aveugle il me faudrait aussi être sourd, et je n'ai pas trop de mes deux mains pour m'accrocher à mon ami... Comment boucher mes oreilles? Je sais que, quoi qu'il fasse, Ponas Petras ne pourra jamais empêcher que cette terrifiante aventure ne vienne encore me poursuivre au creux de mes nuits.

J'entends des bruits sourds, des coups, encore des coups, toujours des coups et des gémissements atroces qui s'enflent et qui décroissent. C'est comme une marée. Je serre les dents. Je fais un effort pour arquer mon dos sans faire craquer la branche. Je voudrais chasser cette douleur qui me ceinture. Voilà des heures que nous sommes dans cette cachette, rompus par la posture mi-assise, mi-accroupie.

Soudain, après un autre choc sourd, on n'entend plus rien, sauf des chuchotements, de vagues conversations, des pas, puis des bruits de pelle.

De nouveau le sang se rue dans ma tête. J'ai les jambes complètement sciées par la peur. Je voudrais pouvoir pleurer mais mes yeux sont secs.

Le temps passe dans une terrible attente.

Gavé d'essence, le moteur crache une immense pétarade. Le panneau claque ; puis les portières. Le camion démarre. Ses roues grattent le sol. Il roule. Il s'éloigne. Son bruit se fait plus doux. Le son a changé. Je sais que le véhicule a atteint le gravier de la route. Tranquillement, le ronronnement s'estompe. Définitivement.

Ponas Petras libère ma tête. Nous nous regardons sans parler. Il me descend de l'arbre en respirant fortement, comme après une longue course. Nous sommes maintenant au même endroit où, il y a à peine quelques minutes…

Je m'accroche à son cou.

— Ponas, Ponas…

Il me prend dans ses bras et se dirige au pas de course vers la route.

Je ne me souviens plus comment nous sommes retournés jusqu'à la maison. Quand j'y songe, je revois Ponas Petras qui s'arrête parfois en cours de route et qui vomit, abondamment. Il se débat, se raidit. Des soubresauts l'agitent. Des larmes coulent de ses yeux. Maintenant, je pleure moi aussi. Cela m'apaise.

Ponas Petras essaie de parler. Il ouvre la bouche toute grande. Je vois ses dents, sa langue, sa luette. Il fait des efforts mais ne parvient à proférer aucun son. Je le supplie :

— Parlez, parlez !

Ponas Petras fait des efforts surhumains. C'est sans résultat.

Je suis horrifié. Je le supplie d'essayer encore. Il me coule un regard désespéré. Mon ami est muet !

— Où étiez-vous ? questionne tante Valé d'une voix torturée par l'inquiétude.

Lorsque je me blottis entre ses bras, elle devine qu'il s'est passé quelque chose de terrible. Elle interroge mon ami.

— Que s'est-il passé ? Racontez vite, Ponas !

Il ouvre encore la bouche, sa langue sautille comme celle d'un serpent, il respire profondément et ne parvient à libérer qu'un long et lamentable râle.

Tante Valé est prise d'une vive émotion. Elle ne sait plus que dire. Toute commisération, elle répète sans arrêt :

— Ponas Petras... Ponas Petras...

Je hais la monstrueuse machination du hasard qui nous a happés, lui et moi, dans ses maléfiques rouages. Je veux m'étendre dans un lit, ne plus penser, m'engloutir dans l'oubli.

— Il ne parlera plus jamais ? Il ne chantera plus ?

Ma tante me fait taire. Ponas Petras libère un autre râle et, comme si ce bruit l'avait lui-même effrayé, il quitte précipitamment la maison en nous laissant seuls avec le goût salé de sa peine.

*

Dès le lendemain, je retourne à Kaunas avec tante Valé. Je n'ai pas revu Ponas Petras à qui je pense sans cesse.

Rien ne semble changé, sauf que ma mère pourtant si ingénieuse ne parvient plus à préparer des plats qui soient nourrissants. Les vivres commencent à se faire rares. L'imagination ne suffit plus. L'essentiel manque.

Quant à mon père, professeur à l'École des Arts et Métiers de Kaunas maintenant, il occupe toujours son poste. J'ai peu d'occasions d'être avec lui. À vrai dire, nous ne parlons pas souvent ensemble. Peut-être cela changera-t-il quand j'aurai grandi.

Notre vie ne s'est pas du tout améliorée. Et les nuits sont davantage animées. Ce ne sont que vacarme infernal de rafales de tir, cris désespérés ou galopades de chevaux.

Au seul bruit déclenché par les sabots sur le pavé, je sais identifier les cavaliers. Les chevaux des Russes sont ferrés, le bruit qu'ils font est cinglant, métallique. Celui des Mongols est plus sourd, moins éclatant. Ou bien les chevaux ne sont pas ferrés, ou bien les fers ne sont pas cramponnés de la même manière.

Puis je fais la connaissance des nouveaux voisins, M. Ulba et sa vieille mère de quatre-vingts ans un peu sourde ; un garçon de mon âge qui habite dans la maison face à la nôtre, et deux jeunes gens d'une vingtaine d'années que l'on a surnommés les *Kombinatoriai*[1]. En sous-louant notre salon, ces gaillards ont dit à ma mère qu'elle n'aura pas à s'inquiéter pour le loyer.

— Nous sommes dans une combine qui va rapporter beaucoup d'argent, ont-ils dit.

Les *Kombinatoriai* ne sont pas très exigeants, mais il a quand même fallu leur installer un grand lit double, une table de travail, un fauteuil d'osier et deux chaises droites.

Quelques jours plus tard, soit un dimanche matin, au retour de la messe, nous trouvons la porte principale de notre maison grande ouverte. Mon frère se précipite pour la refermer et découvre avec stupéfaction que nos locataires ont déguerpi en vidant le salon. Nous la connaissons maintenant, la combine : ils ont disparu en emportant avec eux le lit, la table, le fauteuil d'osier que nous avions emprunté à grand-père, et les deux chaises droites achetées spécialement pour leur faire plaisir !

Petit à petit, j'apprends à découvrir un monde mesquin, roué, méchant, cruel : le monde des hommes.

La rentrée des classes n'altère pas l'opinion que j'ai des adultes. Depuis que je suis retourné à la maison, je trouve pénible d'être séparé de ma mère tous les matins, sous prétexte qu'il faut étudier. Les premiers jours, mère nous accompagne même jusqu'à l'école, histoire de nous indiquer le chemin. Plus tard,

---

1. Combinards. (L)

nous nous y rendons seuls, mon frère et moi. Liudas est assez grand : il a onze ans.

Je n'aime pas l'école. Nous avons tous le crâne rasé. C'est le règlement. Plusieurs classes sont groupées dans la même, les grands avec les petits. Le plancher craque. Fort heureusement pour moi, mon ami Lazys est avec moi. À deux on se sentira moins tristes, et moins ridicules aussi avec la tête polie comme une bille de billard.

Il y a des choses que je n'aime pas, et d'autres qui me font peur. Ainsi, ce matin où nous recevons la visite de deux inconnus portant un brassard rouge. À la vue du carré de tissu rouge qui me rappelle des scènes terrifiantes, mon cœur se met à battre de façon désordonnée. Ce souvenir est comme une tache indélébile : il demeure. J'ignore si l'un des deux visiteurs est le bourreau du cimetière, mais il m'inspire la même crainte. Je n'ai pas confiance en son compagnon non plus.

— Mes enfants, dit l'un, nous sommes venus ici pour donner des récompenses à ceux qui seront gentils...

L'autre l'interrompt pour lui dire deux mots, en russe. Sans doute, l'un est russe et l'autre lituanien. Le premier poursuit son exposé pendant qu'en dedans de moi-même je répète, les dents serrées, « menteur, menteur, menteur ! »

— Lorsque vous êtes à la maison, dit-il en parlant très lentement, j'espère que vous écoutez ce que disent vos parents entre eux ? Si vous n'écoutiez pas, à partir d'aujourd'hui il faudra le faire. Mon ami et moi qui sommes vos camarades, nous reviendrons vous voir pour entendre ce que vous aurez à nous raconter. Ceux qui diront tout seront récompensés ! Bien récompensés !

« Menteur, menteur, menteur, bourreau, bourreau... ! » Je le regarde fixement tandis qu'il poursuit :

— Quelqu'un d'entre vous se souvient-il de ce que son papa et sa maman ont dit hier, par exemple ?

De la dernière rangée, un petit garçon tout maigrichon lève un doigt timide.

— Moi, balbutie-t-il.

Les deux hommes se redressent. Un large sourire accroché à la bouche. La voix se fait douce.

— Raconte, mon petit. Tu auras un joli cadeau, parce que tu es gentil !

— Eh bien !... bah... euh... mnpklsmxp...

— Parle plus fort, nous t'écoutons !

Encouragé, le petit copain fait un effort pour parler et réussit à nous faire don de quelques mots à peine audibles : « ... chaise... soupe... grand-père... et puis crotte ! » Voilà tout ce qu'on saisit de son exposé.

Heureusement qu'il est là, celui-là. Ma peur s'est envolée. En fait, toute la classe éclate de rire. L'institutrice rosit de honte. Elle explique aux sinistres visiteurs que le petit est un peu faible d'esprit.

— Il faut l'excuser, dit-elle. Il n'a pas de père... il est un peu...

Les enfants se sont tus. Puis ils se tournent par curiosité pour l'examiner de plus près, pour se moquer de lui.

— Cinglé ! lui crient ceux qui sont tout près.

Le garçon fait signe qu'il veut encore parler.

— Vas-y ! lance l'homme adossé au tableau noir. Je t'écoute !

Le petit bavard est surpris de la réaction. Il se redresse. Cette fois, il parle fort.

— Quand allez-vous me donner ma récompense ? dit-il d'une voix claire.

L'homme hausse ses larges épaules, feignant de ne pas l'avoir entendu.

— Ce que nous voulons surtout, précise-t-il en s'adressant à l'ensemble de la classe et aux plus grands d'entre nous, ce sont des commentaires que vous auriez entendus, concernant vos amis les soldats de l'armée rouge.

Là-dessus, ils repartent en disant qu'ils reviendront le lendemain.

Au cours de la même matinée, le directeur de l'école vient décrocher le crucifix qui orne le mur de la classe, juste au-dessus du tableau noir. Je note le vide avec une certaine satisfaction, car la tête penchée du crucifix ainsi que sa poitrine transpercée me faisaient trop penser à l'homme que j'avais déjà vu mourir. La place laissée vacante par la croix est vite occupée par le portrait d'un homme moustachu qui me rappelle étrangement la figure de notre déménageur. Même si l'inconnu a une mine plus triste que notre ami, sa photo est quand même plus gaie que le visage ensanglanté du crucifié.

Arrive ensuite un personnage que nous n'avions encore jamais vu, qui vient nous expliquer brièvement et sans trop de détails que l'homme de la photo est un de ses bons camarades.

— C'est le camarade Joseph Djougachvili Staline! dit-il d'un ton convaincu. Il est l'ami de tous. Si nous l'avons mis à la place de la croix c'est pour que vous pensiez toujours à lui, car c'est lui le chef de tous, votre camarade à vous!

Nous regardons la photo avec admiration. Le visiteur ajoute :

— Laissez-moi vous dire autre chose aussi. Dieu n'existe pas. Ce qu'on vous a raconté au sujet du ciel et du bon Dieu, ce n'est pas vrai! Des histoires pour petits bébés, tout ça!

Une qui sera surprise d'apprendre ça, me dis-je, c'est ma mère. Quant au curé, je me demande quelle tête il va faire.

L'homme au large sourire trouve peut-être qu'il a assez parlé. Il s'apprête à terminer.

— Vous m'avez bien compris?

— O-U-I Ponas / tonne la classe en chœur.

L'homme sursaute comme s'il avait reçu une rebuffade.

— Il ne faut plus dire Ponas /Il n'y a plus de Ponas. Appelez-moi *Draugas*[1] ou *Tovaritch*[2]. À partir d'aujourd'hui, vous avez le droit d'appeler tout le monde *draugas*. Nous sommes tous des camarades : l'institutrice, le directeur, vos parents, moi et Staline! Levons en l'air nos poings fermés, pour saluer!

Nous ne comprenons pas très bien la signification de ce signe bizarre, mais, imitant le

---

1. Camarade. (L)
2. Camarade. (R)

geste de notre nouveau camarade, nous brandissons le poing dans une envolée qui, à mon sens, ressemble plus à une menace qu'à une salutation d'amitié.

L'homme pivote et sort, visiblement réjoui par cette manifestation collective.

De retour à la maison, nous racontons à nos parents les détails des événements vécus à l'école. Liudas n'a pas gardé le secret lui non plus. Sa classe a reçu les mêmes visiteurs qui ont fait les mêmes recommandations. Dans la classe de mon frère, le portrait de Staline n'est pas seul au mur ; on lui a accolé la photographie d'un camarade au crâne luisant et à la barbiche effilée. Il s'appelle Lénine.

Nos parents sont scandalisés. Je remarque une fois de plus qu'ils nous parlent sur un ton d'une gravité à laquelle ils ne nous avaient pas habitués, expliquant les feintes et les intentions sournoises des visiteurs de l'école.

— On veut faire de vous des rapporteurs. Des délateurs ! Ceux qui dénonceront leurs parents deviendront orphelins, car la police secrète russe, le NKVD, n'attend que cela pour arrêter les parents. Soyez intelligents, ne répétez à PERSONNE ce que vous avez vu ou entendu. JAMAIS, même pas à vos amis.

Au cours des jours qui suivent, tel qu'ils l'avaient promis, les deux curieux intéressés par les conversations de nos parents reviennent à la charge. Ils nous questionnent un à un pour que les confidences soient plus aisées. J'ignore s'ils ont du succès ou non auprès de mes copains de classe ; tout ce que je sais c'est qu'ils ne me trouvent pas très intéressant. L'un d'eux pousse sa curiosité jusqu'à me demander de lui raconter ce que nous mangeons à la maison. Je sais que nous nous procurons, quand nous le pouvons, le beurre, le lait, les œufs et la viande secrètement au *juodoji rinka*[1]. Je comprends le but de sa question. Comme dirait ma mère, c'est cousu de fil blanc. Il ne m'aura pas. Je fais mine de me remémorer, mais en réalité je cherche le nom du mets le plus détestable que je connaisse. Tout ce qui me vient en tête, c'est l'écœurant jus de betterave que ma mère nous fait boire chaque matin, sous prétexte qu'il donne des couleurs.

— Du jus de betterave ! lui dis-je, laissant glisser de biais sur mon visage l'ombre d'un sourire.

— C'est tout ?

— Oui, puis c'est mauvais, tu ne sais pas comment, camarade. C'est encore pis que de l'huile de foie de morue qu'on prend une fois par jour aussi avec un morceau de pain noir en nous pinçant le nez.

Le camarade ne doit pas aimer l'huile de foie de morue. Ça l'interrompt net. Il me laisse rentrer en classe les yeux fixés sur les crevasses du plafond.

À vrai dire, côté nourriture, ça se gâte de plus en plus à la maison. Même les trafiquants du marché noir n'ont plus rien à offrir. Voilà plusieurs jours déjà que nous n'avons pas bu de lait. Une fermière, installée en banlieue,

---

1. Marché noir. (L)

près des fortifications de la ville, consent à nous vendre une *uzbonas*[1] de lait à prix fort, à condition que ma mère lui fende à la hache une certaine quantité de bûches. C'est une façon ingénieuse qu'a trouvée la femme pour s'octroyer de l'aide à bon compte. Chaque semaine ma mère part et passe une matinée complète à la ferme. Sa pile de bois l'attend ; une pile qu'une autre femme a sciée la veille, sans doute pour avoir droit elle aussi à sa part de lait et d'œufs. Mais la carrière de bûcheronne de ma mère est de brève durée. On peut dire qu'elle a été interrompue le jour où les Russes ont confisqué la vache.

À l'école, on nous a maintenant distribué des chemises bleues, noué des foulards rouges au cou et appris à chanter l'Internationale. Nous sommes devenus membres du *Komjaunuoliai*[2], mouvement qui remplace les louveteaux et les scouts, ce qui ne m'enchante guère car le chapeau scout que portaient les grands était imposant.

*

Un certain calme est revenu. Les Mongols ont, paraît-il, évacué la région. Seuls les Russes occupent toujours la ville. Leur drapeau rouge flotte partout. D'interminables queues s'étirent tristement aux portes des magasins. Les gens sont

---

1. Cruche d'environ deux litres. (L)
2. Jeunesses communistes. (L)

méfiants comme jamais ; ils ont l'œil soupçonneux. Je suis sans cesse étonné de voir, malgré la rareté des denrées, l'armée des ivrognes augmenter de jour en jour. De pauvres hères, répugnants de crasse, hantent les rues et les parcs des alentours, vêtus de hardes. On les appelle de tous les noms, *chuliganai* [1], *girtuokliai* [2] *plesikai* [3]. Certains attaquent les passants en plein jour, les dépouillent sans crainte d'être punis par la police absorbée, semble-t-il, dans des tâches beaucoup plus sérieuses.

L'hiver est âpre et dur. Et long. Il fait déjà sombre quand, les mains gourdes et les yeux piqués par le froid, nous rentrons de l'école pour nous pelotonner autour du poêle qui ronronne. Dehors, il fait sec et l'air gelé fend le bois des clôtures. Nous sommes loin de la joie des premières neiges et il me tarde de voir venir le printemps.

Puis un beau jour, comme si l'hiver était fatigué tout autant que nous le sommes, voici que la neige se met à fondre. Bientôt, sur la route et dans les champs, s'étalent de grandes plaques noires, toutes luisantes comme des miroirs, où l'on voit le ciel plus clair se refléter à l'envers. Déjà le matin, on n'a plus besoin d'allumer. Ni l'électricité ni le poêle. Quand je quitte la maison avec Liudas, j'emplis mes narines des senteurs nouvelles. Petit à petit s'assèchent les flaques d'eau. La terre n'a plus

---

1. Voyous. (L)
2. Soûlards. (L)
3. Voleurs. (L)

soif. Puis, un matin, j'aperçois de gros bourgeons gonflés de sève prêts à éclater dans le soleil. Le printemps est enfin là.

Après mon septième anniversaire, un nouveau drame éclate.

— La prison de Kaunas est pleine! annonce l'oncle Juozas, l'éternel porteur de nouvelles tristes. Le NKVD arrête les gens pour les torturer. Médecins, avocats, ingénieurs et philatélistes sont au premier rang des suspects.

— Les philatélistes? questionne mon père sidéré.

— Oui, de continuer l'oncle qui remplace les journaux et les facteurs. Les philatélistes et toute personne qui a des rapports amicaux avec l'étranger.

Je comprends l'inquiétude de mon père. Nous avons transporté avec nous une valise pleine de timbres qui valent une fortune. Ce sont des timbres rares qu'il a rapportés de ses « Conférences internationales » lorsqu'il allait représenter le ministère lituanien des Télécommunications. « Un timbre pèse bien moins qu'une bague, mais vaut souvent plus d'argent! » se plaisait-il à répéter.

On cache aussitôt la valise de timbres sous la table de la cuisine.

— Ils n'iront pas la chercher là, assure ma mère, en couvrant le meuble d'une longue nappe qui traîne jusqu'à terre.

Espérons qu'elle ait raison.

Un soir que nous sommes déjà couchés, on frappe à la porte. C'est un inspecteur chargé du recensement.

— Vos nom, profession, date de naissance, camarades, fait-il d'une voix monotone.

Mon père commence :

— Alexandre Stankevicius. Profession : professeur.

Les professeurs, si l'on en croit l'oncle Juozas, ne sont pas sur les premiers rangs. Je trouve mon père merveilleux. Ne songeant qu'aux timbres et aux philatélistes, je me demande si à sa place et obsédé par ce que venait de nous annoncer l'oncle je n'aurais pas répondu : philatéliste !

— Camarade professeur, poursuit l'inspecteur, je dois voir tous les membres de la famille avant d'en faire l'inscription.

Comme nous sommes déjà là, il nous reste à nous mettre au garde-à-vous, sachant combien nous devons avoir l'air ridicule, en pyjama, devant le visiteur qui compte jusqu'à quatre, interroge, inscrit, puis disparaît, nous laissant dans une profonde inquiétude ; en savoir trop peu étant aussi inquiétant, dans ces circonstances, que d'en savoir trop.

Les mauvaises nouvelles se succèdent soudain à un rythme accéléré. Comme d'habitude, c'est l'oncle Juozas qui nous les communique.

— Les bolcheviks déportent des familles entières en Sibérie !

La nouvelle paraît si invraisemblable que nous décidons d'obtenir de plus amples précisions. Pendant que mon père cherchera de son côté, l'oncle Juozas ira jusqu'à la gare du chemin de fer. Il a un ami là-bas, tout près des trains. Le cœur battant, je pars avec mon oncle.

La rue principale qui conduit à la gare est barricadée. Soldats et miliciens défendent aux gens de passer.

— Tu tiens vraiment à y aller? lui demande un homme aux mâchoires serrées.

Excellent comédien, l'oncle ne perd pas contenance et rétorque sur un ton innocent :

— On m'a chargé de reconduire cet enfant chez lui. Il demeure justement dans une maison tout près.

Il ment avec une telle assurance qu'on ne peut s'empêcher de le croire. L'homme traduit l'explication à l'officier russe et la voie est libre.

L'ami nous accueille à bras ouverts. De la fenêtre de sa maison, on peut voir une partie de la gare. C'est de sa cuisine qu'on a la meilleure vue. Une lunette d'approche est mise à notre disposition, mais avant de l'utiliser il faut tirer un rideau car les sentinelles dispersées un peu partout pourraient nous voir.

Un long convoi composé de wagons à marchandises est immobilisé sur la voie ferrée. Un bruit étrange, pareil à un moteur d'avion entrecoupé de petites sirènes, ne cesse d'ululer au-dessus du train. Des mains s'agitent par les minuscules ouvertures d'aération des voitures. Les larges portes sont cadenassées. On voit quelques visages crispés, des yeux, des nez, des bouches… mais je ne parviens pas à distinguer s'il s'agit d'hommes ou de femmes. Quant aux enfants, s'il y en a, on ne les verrait pas, les ouvertures sont trop haut placées. Après un moment d'observation, je me rends compte que la clameur obsédante provient de la masse grouillante des prisonniers enfermés dans les wagons. Nous restons là une heure, peut-être deux à observer tristement ce qui se passe. Je vois des inconnus accourir du voisinage en portant des ustensiles. Ils grimpent d'abord sur l'attelage et réussissent à se tenir en équilibre sur l'étroite plate-forme qui supporte les parois verticales et à passer de l'eau aux malheureux. Quelques-uns sont plus heureux que d'autres ou plus agiles. Il faut aussi faire vite. Mais d'autres sont repoussés par les soldats qui les frappent sans pitié.

Envahi par la stupeur, j'ai le cœur lourd et la poitrine serrée.

— C'est comme ça depuis deux jours, explique notre hôte. Les camions arrivent par centaines. On sépare les enfants des parents, les femmes des hommes. Regardez : les huit premiers wagons sont ceux des hommes. Les enfants sont déjà partis par un autre train...

L'ami de mon oncle parle, larmes et paroles mêlées. Il n'en peut plus d'être un témoin impuissant. Il n'en dort plus. Il mourra là, sans doute, collé à la fenêtre, sa lunette d'approche fixée à l'œil. Nous l'abandonnons à sa triste vigie, derrière le rideau à demi tiré. « Assassins ! Assassins ! » répète-t-il sans cesse.

Pour le retour, nous empruntons une autre rue. Des soldats russes nous interpellent. Nous n'offrons aucune résistance.

— *Provertie ribiata*[1] *!*

Obéissant à l'ordre, l'oncle Juozas sort des documents qu'on examine minutieusement. On

---

1. Vérifiez, les gars ! (R)

nous fouille tous les deux. La vérification les satisfait. Nous pouvons passer, mais je me promets qu'on ne m'y reprendra plus.

Les camions russes sont stationnés dans toutes les rues. Certains sont remplis de malheureux que l'on bouscule comme par plaisir. Pour eux, il est déjà trop tard. Et pour nous, ce sera quand ?

De retour à la maison, je découvre ma mère en pleurs. Tante Liudunia est là aussi. Je sens qu'il s'est passé quelque chose.

— C'est fini, les enfants, annonce mon père. Nous serons déportés en Sibérie !

— Une question de jours ou d'heures peut-être, précise ma mère.

Mon père tient le renseignement d'un *spèkuliantas*[1] très bien placé.

— Il a consenti à me montrer une copie de la liste secrète des prochains déportés du quartier. Cette grande faveur m'a coûté mon bracelet-montre en or.

Ce que je trouve le plus atroce, c'est que nous sommes comme dans une souricière. Nous ne pouvons même pas envisager de nous sauver car cette tentative ne ferait que précipiter le sort. On nous a à l'œil. Je pense aux petits carrés de pain et au sel qu'on nous a offerts en arrivant pour nous assurer d'un séjour heureux ! Voilà un truc qui n'a pas fonctionné... Pas plus que ma récitation continue du Notre Père...

---

1. Nom que l'on donnait en Lituanie à toute personne pratiquant le trafic d'influence ou vivant du marché noir.

À la rigueur, une, deux personnes pourraient se sauver. Mais quatre ? Impossible d'y songer. De toute façon, libres ou pas, nous voulons l'être ensemble. Résignés, nous attendrons l'arrivée de « notre » camion.

Tante Liudunia qui campe dans le salon a placé nos chaussures bien en ordre, côte à côte, près de la porte d'entrée principale. Sur mes bottines, elle a plié un épais tricot de laine. Puis, pour chacun de nous, il y a un petit sac tout plein de *souchari*. Je me contente de la regarder avec tendresse et gratitude. Tante Liudunia n'apprécie pas trop les minauderies, ni les manifestations d'affection. Elle dit qu'elle remplit son devoir. Pas plus.

— Il faut bien ranger tout en ordre, dit-elle. Lorsqu'ils frappent aux portes, les bolcheviks sont pressés. Ils ne laissent pas même le temps de s'habiller.

La première nuit se passe sans que je puisse fermer l'œil. Une nuit entière sans dormir ! J'inscris la date[1] au crayon sur le mur, juste au-dessus de l'endroit où est rangé l'unique bien qui m'accompagnera jusqu'en Sibérie. Je sais que si je vis longtemps, malgré la menace qui pèse sur nos têtes aujourd'hui, j'aurai peut-être l'occasion de revenir dans cette maison où j'ai gravé dans l'épaisse couche de papier peint cette date de désespérance.

Comme c'est illogique ! Je parle d'espérance et de désespérance dans le même souffle ! Et pourtant, ce sont bien ces deux forces qui s'opposent

---

1. 16-VI-1941.

en moi dans le moment. Je ne saurais dire pourquoi j'éprouve ces sensations contradictoires. Tout ce que je sais, c'est qu'elles sont là et qu'elles m'obsèdent. Elles font partie de ma vie. Y aurait-il entre les deux moins de distance qu'on serait porté à croire ?

Mes parents sont affligés, mais je ne crois pas qu'ils soient découragés. Ils patientent, c'est tout. Et puis, ils sont plus âgés et cela modifie peut-être leur point de vue. D'un autre côté, ils font peut-être bonne figure afin que nous ne soyons pas trop affolés, Liudas et moi ; afin que ma propre peur s'assoupisse ? Je l'ignore. J'ai l'impression que je sais de moins en moins de choses que je devrais connaître et que j'en connais de plus en plus que je devrais ignorer. Mais la date est là qui ne ment pas, et c'est plus fort que moi, je rêve ; je me vois grand et heureux quelque part ailleurs. Il doit pourtant exister des pays où les enfants grandissent ! Je me reprends à espérer bien que cela m'apparaisse une extravagante folie. À quoi cela tient-il, si ce n'est qu'à fréquenter la mort on se découvre des envies irrésistibles de vivre ?

Deux jours passent et deux nuits dans l'inexorable attente, puis le 19 juin, au beau milieu de la nuit, tante Liudunia qui monte la garde à l'avant de l'appartement vient nous avertir.

— Levez-vous mes chers, dit-elle d'une voix voilée par la terreur. Le camion... Allez vous préparer, vite !

Je crois quand même rêver. Est-il possible que tout s'achève maintenant ? Je n'ai que sept ans! La Sibérie? Les wagons? Et chacun dans le sien, sans jamais nous revoir?

Je cours à la fenêtre. Le camion est là, arrêté en face de notre maison. Il n'y a plus de doute. C'est notre tour. J'enfile mes chaussures et prends mes lainages et mon sac de *souchari*. Je ne sais pourquoi, mais je n'ai plus peur. Je ne pleure pas. J'ai l'impression que ce qui fait peur dans le danger c'est l'inquiétude où l'on est de ne pas savoir à quel moment exactement il nous rejoindra; maintenant qu'il est là, présent, je suis moins effrayé. Mes jambes sont un peu molles, ma gorge très sèche, c'est tout. Qu'ils entrent, je suis prêt! Dans la maison, c'est le silence à peu près complet. Qu'aurions-nous à dire que nous ne sachions déjà!

Les deux soldats armés descendent du véhicule. L'un d'eux tient un long papier dans sa main. La liste sans doute. L'autre l'éclaire de sa lampe de poche. Un mince rayon lumineux balaie le mur de notre maison pour s'immobiliser sur le numéro civique suspendu à la hauteur de notre fenêtre.

— Venez, mais venez donc! Qu'attendez-vous?

Le soldat secoue la tête. Il y a erreur. Ils ne sont pas là pour nous, mais pour les voisins! Le camion recule légèrement. Ébahis, nous le suivons des yeux. Quelques minutes se passent, longues comme une éternité. On entend des pas, des pleurs, des portières qui claquent. Le camion démarre. Nos regards le suivent jusqu'au moment où il repassera devant la maison. Va-t-il s'arrêter? Et nous prendre, nous aussi? Mais non. Il continue sa course, accélère, puis disparaît dans la nuit noire.

Figés, nous demeurons là un bon moment, nos yeux encore rivés à la fenêtre, priant pour que ce camion soit le dernier. Au moment où l'aube commence à poindre, nous nous recouchons tout habillés. Mais nous sommes à peine assoupis qu'un tumulte infernal provenant de la rue nous sort du lit. Il fait déjà jour.

Crissement de pneus, fracas des tanks, galopades de chevaux, ronronnement des moteurs, la maison s'emplit d'une clameur assourdissante. Nous nous précipitons aux fenêtres pour assister à une scène incroyable. Les soldats russes marchent par bandes derrière les tanks. Ils sont assis deux par deux sur un même cheval. Ils déguerpissent, apeurés, frémissants, les yeux hagards et le visage défait. Quelle ménagerie !

Des gens se rassemblent le long de la route pour leur lancer des pierres, les abreuver d'injures en russe. Certains parmi les Russes tirent en l'air, pour faire du bruit sans doute. Il y en a qui, munis de mitraillettes, tirent des rafales vers le haut des maisons. Les balles « piaulent » dans les murs. La foule s'esquive un moment puis elle revient pour huer de nouveau.

— *Rusai bega ! Rusai bega* [1] *!* crient les voisins, ne pouvant plus contenir leur joie.

Je sors dans la rue. Le soleil est resplendissant. Qu'il fait bon respirer l'air chaud du dehors lorsqu'on a vécu enfermé dans la peur

---

1. Les Russes se sauvent ! (L)

si longtemps! Je hume amoureusement le vent doux, un peu grisant, chargé de l'odeur des arbres et de toutes les senteurs du matin. Une femme âgée que je n'avais jamais vue s'approche de nous. Elle est secouée d'un rire bruyant. Je la regarde s'agenouiller, ployer son cou jusqu'à terre et embrasser le pavé avec ferveur, à plusieurs reprises.

— C'est la guerre, la guerre! dit-elle en se relevant. Merci mon Dieu pour la guerre!

Des larmes de joie coulent doucement sur ses joues.

Je ne comprends plus rien. Alors, la guerre n'est pas finie? Je ne peux réprimer le désir de savoir. Je demande à un homme occupé à lancer des cailloux sur les camions en fuite:

— Dites, monsieur, est-ce que la guerre est finie?

Il n'a pas le temps de donner des explications aux gamins. Il a autre chose de plus urgent à faire. Ça ne peut attendre. Entre deux projectiles, il murmure plutôt pour lui que pour moi:

— Non, elle n'est pas finie la guerre. Et, HEUREUSEMENT!

Il y a de quoi être songeur. Décidément, les grandes personnes sont bêtes. Elles ne savent plus ce qu'elles veulent. Mais je crois comprendre, à force d'y penser, que tout cela tient au fait que ce qui arrive vaut mieux que ce qui était en train de se passer. Se battre n'est pas gai, mais au moins on est chez soi, tandis que la Sibérie…

Un jour ou deux se passent ainsi dans le tumulte, la joie et le désordre, jusqu'à l'arrivée

109

d'une autre armée : allemande celle-là. Je les trouve propres, beaux et imposants, les nouveaux venus que la foule exaltée acclame avec des fleurs. On crie VICTOIRE ! BRAVO ! Cette nouvelle guerre paraît plus agréable que la première. Elle commence avec des fleurs et tout le monde est en fête. Quelle différence avec l'autre !

Je fais comme tout le monde : je serre la main des soldats et je m'époumone à crier VICTOIRE ! et BRAVO !

Moi aussi je ris, même si je ne suis pas encore convaincu de les aimer, ces hommes en kaki, car eux aussi ont des fusils et de longues épées noires et menaçantes qui pendent à leur large ceinture de cuir. Cent fois je regarde leur arme et cent fois je ressens en moi le même choc brutal, la même angoisse : les couteaux allemands sont-ils aussi tranchants que ceux des Russes ?

DEUXIÈME PARTIE

Les fêtes de la libération durent quelques jours à peine ; deux ou trois tout au plus, au cours desquels les gens radieux, plus gais, rieurs même conversent avec les soldats allemands. Si cette joie pouvait durer ! Mais non. Soudainement l'atmosphère se transforme avec l'arrivée de nouveaux soldats qui suivent des hommes vêtus de chemises brunes et des militaires qui portent l'uniforme noir. Rigides, sévères, le regard menaçant, les nouveaux venus logent dans les maisons où ils affichent des allures d'occupants plutôt que de libérateurs.

Lazys et moi jouons beaucoup ensemble car les classes sont finies. Nous nous rencontrons tous les jours dans le grand *azuolynas* qui se trouve à deux maisons de chez moi. Nous passons des heures à bavarder au bord d'un minuscule étang situé à l'entrée du parc qui est maintenant tout zébré de grandes déchirures. Les tanks n'ont laissé qu'une nature blessée sur laquelle passent encore de longs vols de corbeaux.

Assis, nous écoutons le coassement familier des grenouilles. Nous discutons de guerre et de soldats, comme des adultes. Lazys est mieux renseigné que je ne le suis sur les armes à feu. J'ignore où il puise les informations dont il m'alimente et j'essaie de tout retenir, mais je ne suis pas encore bien sûr de savoir l'exacte différence entre une arme ou une autre. J'apprendrai, c'est sûr. Ce qui compte, c'est que j'ai quelqu'un à qui parler et qui me parle, même s'il discute d'épées, de sabres ou de baïonnettes que je continue plus souvent qu'autrement d'appeler des couteaux. Des couteaux longs, des couteaux effilés, des couteaux à lame courbe, parce qu'au fond ça fait à peu près la même sale besogne. Je ne serais pas étonné qu'il en rajoute quand il parle d'une balle terrifiante.

— ... une balle qui s'appelle « dumm-dumm ». En allemand, il paraît que ça signifie « folle-folle ». Les autres balles percent des trous ordinaires, mais celle-là, mon vieux ! explose dans le corps des personnes, et vlan ! ça éclate en mille morceaux ! Une vraie boucherie, si tu vois ce que je veux dire ?

Je sens que mes yeux s'écarquillent. Encouragé, il continue :

— Faut pas tout croire ce qu'on dit, tu sais. Qu'on n'ait pas le droit de s'en servir c'est peut-être vrai, mais c'est aussi vrai qu'on s'en sert !

Des armes, nous passons aux hommes qui les utilisent, mais après avoir mûrement réfléchi sur la différence qui peut exister entre les soldats russes et les soldats allemands, nous ne sommes guère plus avancés. Ou plutôt si. Il n'y en a pas. Nous décidons qu'il s'agit des mêmes hommes à qui l'on donne d'autres uniformes. C'est clair comme de l'eau de roche !

*

Le temps passe. Des jours, des semaines, des mois. Je bois toujours l'infect jus de betterave crue. Si l'on manque de beaucoup de choses, il semble que les betteraves ne manqueront jamais ! Mais je ne parviens pas à retrouver mes couleurs, dont je me moque éperdument d'ailleurs, mais auxquelles ma mère attache une grande importance.

« Qu'il est maigre, cet enfant ! Qu'il est pâle ! » répètent tous ceux qui viennent à la maison. Alors, bien sûr, ma mère redouble d'ardeur en versant le jus de betterave et je suis doublement écœuré ! J'ai l'idée de voler des fards et de m'en frotter les joues.

— Tu ne sais pas ce que je pourrais faire, Lazys ?

Lazys, c'est un vrai copain. Il est plein d'idées.

— Tu sais, dit-il, d'où vient que certains hommes ont le nez rouge ?

— Ce sont des ivrognes ! Des gens qui boivent ! Tu n'as pas l'intention de me faire boire ?

Sans compter que ça n'arrangerait pas mon cas. De ce que j'en sais, nous n'avons aucune boisson à la maison, pas même une goutte de bière. Tenace et sûr de son fait, Lazys inspecte les armoires de sa maison et ne trouve rien non plus. Il faudra chercher autre chose.

Sur ces entrefaites, je deviens servant de messe. Je devrais dire apprenti, car si l'on me permet de transporter l'immense missel – j'ai d'ailleurs une peur bleue qu'il m'échappe des mains – et de tenir la burette d'eau, celle qui contient le vin est la responsabilité d'un autre : le véritable enfant de chœur. Un grand. Mais le dimanche suivant, après la messe, alors que je m'attarde dans la sacristie, je remarque que la burette qui contient le vin n'est pas complètement vide. Un coup d'œil à gauche, un autre à droite ; le curé et l'enfant de chœur s'affairent, le dos tourné. C'est ma chance d'en finir avec le jus de betterave et d'avoir du même coup – ça ne coûte rien d'essayer – de belles joues rouges, et catholiques par-dessus le marché !

D'un geste vif, je porte la burette à mes lèvres. Yeux fermés et narines closes, j'avale comme s'il s'agissait d'huile de foie de morue : en pensant à autre chose et sans véritablement goûter. Deux gorgées et c'est fini. Mais une paire de claques me font rouvrir les yeux. Catastrophe ! Le curé, furieux, m'écrase de son mépris. Je m'enfuis sans demander mon reste. Et je m'interroge pour savoir si ce sont les gifles ou le vin qui m'ont à ce point réchauffé et mis les joues en feu. N'empêche que voilà une expérience ratée qui me coûtera sûrement ma toute neuve carrière d'enfant de chœur !

*

Soudain l'été que j'aimais s'achève. L'air est plus vif et les jours sont écourtés. L'automne revient, et du même coup la rentrée des classes. À l'école, à l'endroit où jadis on accrochait le crucifix, pend une nouvelle photographie d'un sans-doute-illustre-inconnu.

— C'est Adolf Hitler, le führer, explique un homme à chemise brune. Grâce à lui, le monde n'est plus divisé. Il n'y a plus qu'un peuple et plus qu'un chef !

Je ne saisis pas très bien la signification de cette succession des portraits, mais n'ose pas demander d'explications. Si le premier moustachu avait vraiment été « le camarade de tous », comme on nous l'avait dit avant les vacances, pourquoi ne l'a-t-on pas laissé accroché au mur ? Et s'il est vrai que l'inscription qui orne la boucle de ceinture des soldats allemands signifie : « Dieu avec nous[1] » pourquoi ne s'empressent-ils pas de remettre la croix sur le mur, au-dessus du tableau, comme avant ? Décidément, je ne comprendrai jamais rien aux motifs qui poussent les mystérieux responsables de l'école à décorer les murs de notre classe de façon aussi illogique. Et puis, je me dis, tant qu'ils s'amusent avec les murs, laissons-les s'en contenter ! Lazys n'est pas tout à fait de mon avis. Il a été baptisé quand

_____
1. *Gott mit uns.*

117

vint le moment de commencer l'école. Ses parents aussi sont devenus catholiques en même temps que lui. Il insiste.

— Si Dieu est plus important que les moustachus, pourquoi ont-ils enlevé sa croix de la classe?

Je hausse les épaules. Il reste songeur un moment, puis:

— D'après toi, qui est le plus fort? Staler ou Hitline?

— Si tu n'es pas content, tu n'avais qu'à rester juif, lui dis-je exaspéré.

D'autant plus que je me demande bien ce que ça lui a donné de devenir catholique quand tous ses copains s'obstinent à l'appeler « le juif ».

Lazys est de toute façon plus intéressant lorsqu'il ne parle pas de religion. Par exemple, quand il m'instruit des armements de la Wehrmacht. Il m'apprend l'existence d'autres armes diaboliques qui s'appellent des « mines ».

— On les met dans l'eau ou bien on les enterre, dit-il. Quand elles sont enfouies dans la terre, si quelqu'un marche dessus, il saute.

À compter de ce moment-là, je ne marche plus qu'à pas feutrés, prêt à bondir comme l'éclair avant que les « mines » aient le temps de sauter.

À la longue, mes connaissances deviennent solides. Je sais la différence entre un lance-flammes et une grenade, un soldat de la Wehrmacht et un aviateur de la Luftwaffe. Je connais aussi le nom des avions: le Junker, le Stuka, le Messerschmitt... Je sais aussi que les plus horribles parmi les Allemands sont les S.S. et qu'ils font partie de la Gestapo.

Le premier mot allemand que j'apprends après « dumm-dumm » n'est pas très gai lui non plus. C'est *verboten*[1].

Il est *verboten* de passer dans certaines rues, *verboten* de cacher des ennemis à la maison, *verboten* de sortir de la ville, *verboten* de passer la nuit ailleurs que chez soi, *verboten* de marcher vite dans la rue, *verboten* de porter des paquets, *verboten* de porter des lunettes de soleil, *verboten* d'avoir une longue barbe, *verboten, verboten,* toujours et partout *verboten.* La seule interdiction qui m'ennuie à vrai dire, c'est celle de marcher au pas de course. J'ai assez vite oublié les mines et repris l'habitude non seulement de presser le pas pour rentrer à la maison mais souvent de courir. Il faudra que je ralentisse, si je ne veux pas me retrouver avec une balle dans les jambes.

Un autre *verboten* s'ajoute bientôt à la liste. On interdit désormais aux juifs de marcher sur le trottoir. Tout juif doit passer là où passent les chevaux et les automobiles, c'est-à-dire en longeant la bordure du trottoir. Chaque juif doit, de plus, porter une étoile jaune cousue sur le devant et sur le dos de ses vêtements.

Depuis quelques jours, Lazys n'est pas revenu en classe. Son absence me cause une peine énorme. Je cours chez lui. Personne. Je frappe chez la voisine qui nous a souvent vus ensemble pour qu'elle me dise où retrouver mon ami. Profondément troublée, la femme se rend à mon désir.

---

1. Interdit.

— Mais si tu ne veux pas qu'il arrive quelque chose de grave à ton copain, précise-t-elle, tu garderas le secret.

La nouvelle maison de Lazys est tout près. Je m'y rends sur-le-champ, la gorge serrée par la peur. On me laisse monter jusqu'au grenier où je le retrouve avec ses parents. Leurs yeux terrifiés font peine à voir. J'y lis l'épouvante. Nous parlons bas. Je demande à Lazys :

— Pourquoi êtes-vous là ?

— Les Allemands arrêtent les juifs. Nous nous cachons.

— Dis-leur que tu n'es pas juif ! Dis-leur que vous êtes catholiques !

— Je suis peut-être catholique, précise-t-il, mais je suis juif quand même !

Nous restons un moment sans parler, l'un devant l'autre, impuissants, désolés, le regard vague. Puis je m'obstine.

— Qu'allez-vous faire ?

— Je ne sais pas. Continuer à nous cacher, je suppose. On dit qu'il ne faut pas que nous dormions deux fois de suite au même endroit.

— Est-ce que nous pourrons nous revoir ?

Mon ami ne le sait pas. Il contemple le jour triste du dehors sans me répondre.

— Je ne comprends pas pourquoi, lui dis-je. Juste parce que vous êtes juifs ?

Lazys hausse les épaules.

— Souviens-toi des Russes. Eux aussi devaient vous arrêter. Pour rien ! Nous, c'est pareil ! Pour rien, comme ça. C'est fou...

— Justement! Ils ne nous ont pas arrêtés!
Pourquoi la même chose ne t'arriverait pas à
toi aussi, Lazys?
— Pourquoi? Parce que je suis juif! Tu ne
comprends donc pas?
Il a raison. Je ne comprends pas. Et, comme
je ne comprends pas, je ne sais plus quoi lui
dire qui lui redonnerait confiance.
— Tu veux qu'on joue avec notre train? dis-
je enfin.
— Je n'ai pas pu l'emporter...
Le silence entre nous s'installe. Nous
n'osons même plus nous regarder. C'est
comme si nous étions tous deux serrés dans le
même étau. Je renifle doucement et j'avale à
petits coups de langue la salive qui noie ma
bouche. J'ai besoin d'être là encore quelques
instants, sans bouger et surtout sans rien dire,
afin qu'un semblant de calme s'installe en ma
poitrine. Alors seulement, je pourrai partir et
aller tout à mon aise me vider chez moi de ce
chagrin qui m'étouffe.

Quand je suis suffisamment sûr de mes
jambes et de ma voix, je tends la main à Lazys
qui semble s'être ressaisi. Nous nous adressons
un sourire calme que dément aussitôt le frémissement de nos mains qui se serrent.

Je quitte le grenier, bien résolu à garder mon
secret. Si seulement quelqu'un avait la possibilité de faire un marché avec moi! Je serais prêt
à boire dix, cent, mille, même un million de
verres de jus de betterave pour qu'on permette
à Lazys de revenir en classe avec moi et de
vivre comme avant.

La vie est injuste, répugnante, abjecte. Je rêve d'un pays ou d'une planète où les hommes peuvent vivre heureux, où il est *verboten* d'être soldat, *verboten* d'avoir des fusils, *verboten* d'imposer des *verboten*. Un pays où l'on peut marcher ou nager sans crainte de buter contre une mine ; un endroit où l'on peut respirer l'air à pleins poumons, sans risquer l'empoisonnement par les gaz !

*

Je croyais avoir découvert toute l'atrocité de la guerre, toute sa hideur. Pourtant, un soir, un son strident me transperce le tympan. C'est la sirène.

— Une alerte ! dit mon père, tandis que ma mère s'apprête à nous couver.

M. Ulba, le voisin, arrive en trombe. Il sait ce qu'il faut faire en pareille circonstance. Mère a déjà éteint, mais cela n'empêche pas M. Ulba de commander :

— Vite, éteignez tout ! Ce sont des ordres !

— Que faut-il faire ?

Je pense que c'est Liudas qui a parlé.

— Rien, il faut rester bien calmes. Ne bougez pas !

Mère nous entraîne quand même vers le lit où nous nous entassons dans l'obscurité pour attendre, la gorge serrée, en silence aussi, la suite des événements. Un vrombissement monstrueux grossit sans cesse et remplit la maison.

— Bombardiers! chuchote M. Ulba, comme s'il craignait que les aviateurs puissent capter sa voix. Z'entendez les moteurs? Lourds... chargés... bombes...

— Ils ne viennent peut-être pas directement sur nous, hasarde une voix.

Je ne comprends plus rien. Faut-il pleurer? Faut-il se réjouir si le son est modifié? On tend l'oreille. D'où arrivent-ils, ces monstres volants? Sont-ils russes ou s'agit-il de nouveaux ennemis? Et puis, combien en avons-nous finalement de ces ennemis? Qu'avons-nous fait à tous ces soldats qui ne cessent de nous harceler?

Des raisons de trembler, Dieu sait que j'en ai eu ma part jusqu'à maintenant. Ils finiront par me rendre fou avec leurs croque-mitaines déguisés en soldats, leurs épouvantails volants, leurs fusils qui crachent les dumm-dumm, leurs mines, leurs grenades, leurs bombes, leurs *verboten*, leurs moustachus-amis-des-peuples et leurs couteaux d'assassins qui transforment les hommes en lapins! J'en ai assez de tressaillir, assez de frissonner, assez de valériane! Assez d'avoir peur! Assez! Assez! Je les déteste! Je les hais!

— Chut! dit ma mère doucement. Ils s'éloignent.

Rassurante, elle m'entoure les épaules de son bras et me berce. Mais je perçois à travers le tissu sa chair qui tremble. Je ne me sens pas plus brave du fait que je ne sois pas le seul à avoir peur, mais j'ai soudainement moins de peine ; c'est comme si je noyais la mienne dans celle des autres.

— Ils s'éloignent, répète ma mère.

— Mais ils reviendront, vous verrez! prédit M. Ulba.

Qu'il se taise, celui-là! Qu'il nous laisse dominer notre peur, au moins une fois encore! Par la suite, nous avons l'occasion de constater que M. Ulba avait vu juste. Les avions reviennent souvent et nombreux. Parfois, au beau milieu du repas du soir, les lumières s'éteignent d'elles-mêmes par toute la ville, pour ne se rallumer que plusieurs heures après. Ceux qui se risquent à allumer une bougie ou une lampe à pétrole reçoivent aussitôt une rafale de mitraillette dans leurs fenêtres. La lumière est *verboten* durant les alertes! Les Allemands sont très stricts sur ce point. Ils obligent même les gens à éteindre les cigarettes.

Vu la fréquence des alertes et après consultation de nos voisins, M. Ulba et une jeune femme d'origine allemande qui habite au-dessus de nous, nous avons décidé que dorénavant nous nous réfugierions dans un caveau à légumes enfoui à demi dans la terre, au fond de la cour. Nous finissons par passer le plus clair de notre temps à cavaler entre la maison et l'abri humide où nous nous entassons les uns sur les autres pour attendre la mort, ou des jours meilleurs, ce qui, dans le moment, revient au même. Une odeur de moisi règne dans le caveau. Une fois la petite porte refermée, nous n'avons plus aucun contact avec l'extérieur et les bruits nous rejoignent comme ouatés. C'est à peine si nous entendons la sirène annonçant la fin de l'alerte. Il y fait noir comme dans un tunnel. On s'y rend habituellement au pas de course. Il nous est défendu d'emporter quoi que ce soit, sinon une couverture par personne. Les premiers rendus héritent des meilleures places, au fond, sur des poches remplies de pommes de terre qui, si j'en crois l'odeur qui s'en dégage, commencent à se gâter. Personne ne dit mot. Personne non plus ne s'avise de profiter de l'obscurité et du silence pour dormir. On attend, sur le qui-vive, la bombe qui nous écrasera comme des crêpes parmi les sacs de pommes de terre, tout en priant avec ferveur que cela n'arrive pas. Toute la maisonnée est fidèle aux rendez-vous impromptus sous terre, à l'exception de la vieille Mme Ulba. À cause de sa surdité elle n'entend même pas sonner l'alerte. Lorsque s'éteignent les lumières, elle va se coucher confortablement dans son vieux lit à roulettes et attend calmement que son fils, qui nous tient compagnie, remonte du caveau. Elle ne veut pas le suivre, même quand il s'offre pour la porter dans ses bras.

Les premières bombes éclatent un jour d'été. Le vacarme est effroyable. Après la terrible secousse qui ébranle le caveau, nous sommes recouverts d'une épaisse couche de terre. Quant à moi, je tousse et je crache. Mes oreilles sont bouchées, mon nez saigne. Sales, mais saufs, nous nous arrachons tant bien que mal de ce tombeau pour constater que la maison est toujours là, debout. Seuls quelques carreaux ont volé en éclats.

À la fenêtre de la chambre là-haut un volet bat violemment contre le mur.

— Vite, montons chez ma mère ! crie M. Ulba, blême d'inquiétude.

Nous grimpons à ses trousses pour découvrir la brave vieille souriante dans son lit, avec la tête dans la chambre à coucher et les pieds dans le salon. La violence du choc a été telle que Mme Ulba aurait dû croire arrivée la fin du monde. Il n'en est rien.

— La maison a dansé, nous dit-elle, nullement effrayée par l'expérience. Le lit a fait un tour complet sur lui-même avant de s'immobiliser ici.

Nous aidons M. Ulba à repousser le meuble et sa petite mère en place. Il s'en est fallu de peu que les secousses la fassent dégringoler jusqu'en bas.

Après cet exercice, nous partons aux renseignements.

Les deux bombes – dont l'une a creusé un trou énorme de trente-deux mètres de largeur sur seize de profondeur – sont tombées sur le Stadium municipal situé tout près du domaine de la radio.

— Elles étaient destinées aux antennes, c'est clair, dit mon père, tandis que M. Ulba nous montre un lourd lingot de plomb biscornu qu'il vient de ramasser.

Mon père a blêmi. Tant que personne ne visait les antennes, je suppose qu'il continuait de songer au jour où nous retournerions chez nous, au domaine. Maintenant il craint d'espérer en vain et pense qu'il sera dépossédé de tout ce qui a fait sa vie et qui aurait fait la nôtre. C'est cela qu'il dit à ma mère. Ce n'est pas tant à lui qu'il pense qu'à nous.

Comme lui, il m'arrive d'être abattu, mais vite je me remets à espérer l'impossible, à m'accrocher de nouveau à des rêves constamment ajournés.

À partir de ce jour, les alertes sont de plus en plus fréquentes. Par mesure de précaution, sans doute, M. Ulba retire les roulettes des pieds du lit de sa mère. Maintenant les bombes peuvent pleuvoir : finies les balades !

Un soir, ma mère rapporte de la ville la nouvelle que je redoutais depuis longtemps.

— Ils ont arrêté Lazys et ses parents. Quelqu'un les a dénoncés, dit-elle.

Je proteste de toute mon énergie.

— Ils n'ont pas le droit !

— Mais si ! Justement, ils ont tous les droits !

— Que vont-ils faire de Lazys ?

Ma mère l'ignore. Personne ne le sait. Nous nous doutons bien qu'on a dû d'abord les reconduire comme les autres en banlieue, à Vilijampole, tout près du quartier où vivent mes grands-parents. Nous décidons d'aller sans plus tarder dans ces parages. Le ghetto comprend de nombreuses et vieilles maisons. Je connais bien l'endroit. Tante Valé y possédait une maison qu'on lui a confisquée pour les besoins du ghetto.

Des hommes et des femmes sont dehors, assis par terre. D'autres piétinent en attendant, je suppose, qu'on décide de leur sort. On fait cercle autour des rabbins. J'entends chuchoter et bourdonner. Peut-être disent-ils leurs prières ? Je vois qu'on a dressé des clôtures, déroulé des fils barbelés qui jonchent la rue. Des sentinelles armées interdisent aux passants de franchir les limites, sous peine d'aller rejoindre les malheureux. Je ne puis détacher mes yeux de la masse sombre et grouillante, espérant apercevoir la tête de Lazys ou le bout de son nez toujours humide et froid comme l'était celui de mon chien Tomy. Mon regard saute en vain d'un visage à l'autre. Je ne vois pas Lazys. Il n'y a que des adultes. Mais derrière eux, qui sait ? peut-être me regarde-t-il sans me reconnaître ? Je lève ma main bien haut, en m'apprêtant à crier son nom. Mon père m'arrête à temps.

— As-tu perdu la tête ? Veux-tu nous faire tous arrêter ?

Ma peine est immense. Lazys ne saura jamais que je suis venu. Je retiens mes larmes en détournant les yeux de cette misérable prison où pleure sûrement mon meilleur ami.

Nous y retournons plus tard, sans plus de succès et, un soir que nous rentrons chez nous après une nouvelle visite aux grands-parents, nous apercevons des flammes rouges, jaunes et blanches, terrifiantes, monter du ghetto. Une fumée épaisse, sentant l'essence, recouvre la ville. Des coups de feu éclatent, mêlés de plaintes courtes, répétées, déchirantes. Je comprends ce qui vient d'arriver. « Adieu, Lazys ! Ne m'en veux pas d'avoir plus de chance que toi… »

L'odeur âcre de chair brûlée s'accroche au quartier pendant plusieurs semaines. Grand-mère n'ouvre plus ses volets du côté qui donnait sur le ghetto. Mais ça ne change pas grand-chose. Là ou ailleurs, je dois dominer une nausée constante qui me broie l'estomac. J'essaie de ne plus penser à Lazys, mais son visage me revient sans cesse à l'esprit. Je l'entends encore me dire : « Je suis peut-être catholique, mais je suis juif quand même...» Était-ce par crânerie? Ou pour se plaindre?

Comment savoir? S'il y a des choses qui sont à jamais gravées dans ma mémoire, il en existe d'autres que je ne saurai jamais, parce que même les grandes personnes n'ont pas la réponse. Je questionne souvent en vain. Reverrai-je Lazys un jour? Existe-t-il, au ciel, un ghetto spécial pour les juifs catholiques comme lui?

*

Tante Liudunia a repris son travail d'infirmière à la clinique de l'Université, située près des fortifications de la ville. Les Allemands l'appellent *Schwester*[1]. Elle est chargée des cancéreux. Les S.S. inspectent son service tous les jours pour voir si elle n'y cache pas des juifs. Quand je vais la visiter, tante Liudunia me présente à ses malades. Elle dit fièrement : « C'est mon neveu. »

Ils me sourient, mais je trouve qu'il est triste le sourire des hommes condamnés à mourir.

---

1. Garde (abréviation de *kranken-schwester* : garde-malade).

Tout près de la clinique, sur la colline verte du fort numéro 7 où je m'aventure, les soldats allemands surveillent une poignée d'hommes occupés à creuser une tranchée à la pelle. On besogne dur. Lorsque le trou est suffisamment profond, les travailleurs vont avec docilité poser leurs outils à un endroit précis. Les militaires – plus nombreux que les civils – font ranger les travailleurs côte à côte sur le bord de la tranchée. Après, les événements se succèdent avec une rapidité déconcertante et un synchronisme parfait. Un cri lancé, les soldats épaulent, visent et tirent. Des corps qui se crispent un court instant, qui vacillent et plongent comme désarticulés au fond de la fosse qu'on leur a préalablement fait creuser. Certains corps restent à demi suspendus au-dessus de la fosse trop étroite. À coups de botte, les soldats les font basculer par-dessus les autres. Puis arrive un autre groupe d'hommes qui s'acheminent vers l'endroit où les premiers ont déposé les pelles. C'est à eux qu'il reviendra de replacer la terre et de niveler, après quoi ils creuseront à leur tour la fosse qui les recueillera à moitié morts dans certains cas.

Accroupi derrière une haie touffue du jardin de la clinique, je regarde comme fasciné d'horreur l'incroyable scène. J'aurais dû écouter tante Liudunia qui m'avait dit de jouer dehors bien sagement en attendant la fin de son service. Il me faut déguerpir au plus vite. À mon grand effroi, surgit un officier de la Wehrmacht dont la présence soudaine me cloue sur place. À la vue de son uniforme, j'ai l'impression que tout à l'intérieur de moi s'écroule. Je titube sur mes jambes en essayant de me relever. Mon corps tremble comme une feuille de peuplier un soir de tempête. Ma curiosité sera punie. Je m'efforce tant bien que mal d'avoir l'air affairé. L'officier m'examine de son œil aigu. Je sais qu'il décide de mon sort. Je sais aussi qu'il est le plus fort. Dans un ultime effort pour l'amadouer, je vrille mes yeux dans les siens. Je le fixe avec une telle intensité que je me donne à moi-même l'impression de le marquer au fer rouge. Grâce à Dieu ! il semble ne pas m'en vouloir, et éprouver même une certaine pitié pour moi. Sa main poilue vient avec douceur caresser mes cheveux. Sa lèvre crispée semble dire : « T'en fais pas, je ne te veux aucun mal... » J'en suis à me demander si je dois croire à un geste de pitié, quand une nouvelle salve éclate du côté de la colline. D'un air dédaigneux, il lance : « *Nur Juden* [1] *!* »

Rien que des juifs... Pour lui, c'est sans importance. Mais il me donne une envie folle de cracher sur ses bottes. Je m'abstiens naturellement, surtout qu'il me fait signe de déguerpir. Je ne me le fais pas dire deux fois et, malgré l'interdiction de courir, je m'enfuis à toutes jambes.

*

Les bombardements russes se font plus rares mais le nombre des alertes ne diminue pas pour autant. Durant leurs survols nocturnes les

---

1. Seulement des juifs ! (A)

avions ne lâchent plus des bombes mais des hommes. Ce sont les parachutistes. Tombés du ciel, ces individus tentent de trouver refuge dans les maisons. On n'accepte pas de les héberger. On connaît l'interdiction allemande et puis surtout on sait qui ils sont. Les Russes, on ne les a pas encore oubliés! Les parachutistes qui n'ont pas la chance d'atterrir dans un bois se font prendre sur-le-champ par les Allemands. Les autres s'aventurent avec précaution dans la ville quand il fait nuit et, mitraillette au poing dans l'espoir d'obtenir de la nourriture, frappent aux maisons et arrivent à s'y introduire de force. C'est ainsi qu'un soir ils ont fait irruption dans la maison d'une amie de ma mère qui demeure tout près de chez nous dans la rue *Geliu Ratas*.

— Il y avait des amis à la maison, raconte-t-elle. Les parachutistes sont entrés en forçant la porte. À voir leurs blousons de cuir, nous avons pensé tout d'abord qu'il s'agissait d'un groupe de partisans. Revolver au poing, ils ont ordonné aux hommes de la maison d'entrer dans une chambre et aux femmes d'entrer dans une autre. Ils ont forcé les femmes à se déshabiller.

La visiteuse s'arrête net. Elle vient de découvrir ma présence. Elle chuchote quelques mots à ma mère.

— Va plus loin, ordonne celle-ci. Nous avons à parler, madame et moi.

Curieux, j'ai le goût d'être impertinent.

— Mais parlez, je ne vous dérange pas!

— Ce que nous avons à nous dire n'est pas pour les enfants. Va! dit ma mère.

Je m'éloigne en traînant les pieds, intrigué par ces secrets qui ne sont pas pour les enfants, et je me demande bien ce qu'elle dirait celle-là, si je lui racontais mes secrets à moi? Tous ces spectacles d'épouvante où j'ai été malgré moi convié... Les miens valent sûrement les siens.

La femme attend que je regagne le fond de la pièce pour reprendre sa narration qu'elle poursuit maintenant à voix basse en agitant les mains. Ma mère se contente de secouer la tête, les yeux levés au ciel.

— Aïe, aïe, aïe, répète-t-elle.

Lorsque son amie est partie, je questionne ma mère. Je suis à peu près sûr que je n'obtiendrai rien, mais je m'obstine.

— Qu'est-ce qu'ils leur ont fait, les Russes, aux femmes déshabillées?

— Tu es trop petit pour comprendre, répond-elle. Je ne peux pas te le dire.

Je vois bien qu'il est inutile d'insister, et je me dis : « Être assez grand, ou pas assez, cela veut dire quoi au juste? » Je revois la scène du cimetière à laquelle j'ai assisté jadis avec Ponas Petras. C'est bien la chose la plus horrible que j'aie vue de ma vie. Je dis quand même :

— Ils leur ont ouvert le ventre, comme on fait aux lapins?

— Il y a de cela, oui, avoue ma mère, sous-entendant par sa brève réponse que c'était bien pis.

*

On vient d'apprendre l'arrestation de trois parachutistes russes qui seront pendus publiquement « pour donner l'exemple ». De quel exemple s'agit-il ? On est laconique là-dessus. Tout ce que je sais c'est que la pendaison aura lieu dans le *Azuolyno Parkas*, tout près du Stadium, à proximité du chemin que nous empruntons pour aller à l'école.

Le gibet est déjà construit au pied de l'un des plus solides chênes du parc. Aucun de mes camarades de classe n'a pu se soustraire à la macabre représentation. Nous sommes tous tenus d'y assister. Une heure avant l'événement, le parc est grouillant d'un monde qui se fait silencieux comme aux jours d'enterrement. On fait placer les petits aux premiers rangs. Rien ne bloque la vue des trois cordes qui se balancent aux branches de l'arbre. À côté du gibet, un soldat casqué étreint son fusil. Il monte la garde. C'est l'après-midi. Soudain, il y a comme un remous dans la foule. On chuchote derrière moi. « Ce sont eux »... « Ils viennent d'arriver »...

L'assistance s'écarte. Passe d'abord un imposant peloton d'exécution, puis les trois Russes, mains et pieds liés par des chaînes, qu'accompagnent des soldats. La foule s'est tue de nouveau. Il n'y a maintenant que le bruit des pas et des chaînes. Les prisonniers passent si près de moi que j'entends leur haleine courte siffler dans leur gorge serrée. J'ignore leur nom, mais je n'oublierai jamais leur jeune visage pathétique. On les fait monter sur le gibet. Sans détourner mes yeux, je suis chaque mouvement. Les Allemands ajustent les nœuds. Les Russes ne profèrent aucune parole, ne font aucun geste, mais ils sont agités d'un léger tremblement de tous les membres. Les Allemands redescendent maintenant du gibet. Un ordre fend le silence. Les bourreaux s'affairent autour du gibet et actionnent un système dont je ne comprends pas le mécanisme. Quand je relève les yeux, les cordes sont tendues et les trois corps ont plongé dans le vide. Deux des trois pendus tournoient dans le vide, comme des saucisses au bout de leur ficelle. Quant au troisième, il est tombé par terre. Est-ce la corde ou la branche qui a cédé ? De la foule monte un hurlement d'effroi. Je vois des gens qui s'évanouissent. À côté de moi, mes camarades pleurent bruyamment, bouche ouverte et les yeux fermés. Je ne puis détacher mon regard du pauvre homme encore lié par ses chaînes. Mes yeux brûlent l'envers de mes paupières comme lorsqu'on regarde trop longtemps et de trop près un brasier ardent. Les Allemands sont sans pitié pour celui-là que le destin sauve. Fusils et mitraillettes crachent le feu. Les balles sifflent dans le tumulte et déchiquettent le corps étendu dans les touffes de bruyère. Et voilà, c'est fini. On lui apprendra à ne pas vouloir mourir comme les autres ! Il n'est plus maintenant qu'un amas de chairs sanglantes et de tripes. C'est cela, l'exemple qu'on voulait nous donner ?

Le spectacle étant terminé, on fait évacuer. *« Mesdames, messieurs... vous pouvez rentrer chez vous... ceux qui ont mal vu pourront revenir demain... les pendus y seront et leur copain aussi... On les gardera jusqu'à ce que les mouches n'aient plus rien à manger... »* Malgré moi, je pense aux crieurs des jours de foire. Comme à peu près personne n'a pu s'y dérober, je sais que mes parents sont là. Mais je sais aussi que nous n'en reparlerons pas. J'ignore comment dans toute cette foule il est possible que je retrouve mon père, qui soudain marche à mes côtés. Nous rentrons, en silence, à la maison. Des souvenirs encore tout chauds me remontent à la mémoire, des images toutes plus macabres les unes que les autres surgissent dans ma tête. Quand cela va-t-il finir? Et comment? Je marche en m'arrachant d'un nouveau cauchemar. Je vois des corps qu'on enterre encore tout chauds, et d'autres qu'on éventre, et d'autres encore qu'on piétine ou qu'on pend... Puis des essaims de mouches, d'énormes mouches vertes que seuls viennent troubler dans leur festin les noirs corbeaux voraces. Toute ma vie, je le sais, je garderai en moi cette épouvante.

*

À un moment donné, les événements prennent une autre tournure. Le front se rapproche. Les Allemands, paraît-il, perdent du terrain. Des troupes de renfort arrivent. Dans les magasins, tout manque et depuis longtemps : plus de pain, jamais de viande, jamais de beurre non plus, ni d'œufs. Le sucre a été remplacé par la saccharine, le beurre par la margarine. Quant au café, ce sont les glands de chêne moulus et séchés au four qui nous le donnent. L'ersatz règne : hormis la guerre, il n'y a plus rien qui soit authentique, rien qui soit vrai. Les Russes se font plus malins. Ils n'envoient plus de parachutistes, mais ils parachutent aliments et brimborions divers : tablettes de chocolat, sandwichs, bonbons, stylos et porte-monnaie. Les premiers des nôtres qui ont mangé les aliments sont morts empoisonnés. D'autres ont vu les stylos et porte-monnaie exploser dans leurs mains quand ils les ont ouverts. La population de Kaunas est en émoi. Pris entre l'enclume et le marteau, avec d'un côté les Russes et de l'autre les Allemands, nous craignons autant les premiers que nous redoutons les seconds.

Nous avions fini par suivre le courant des jours et des nuits, et par organiser notre vie à partir des alertes, des interdictions diverses, des privations et des carnages périodiques, sachant que nous n'y pouvions rien changer. Il arrivait même des moments d'accalmie où, parce qu'il ne s'était rien passé de violent depuis quarante-huit heures, nous nous remettions à croire à des choses merveilleuses qui arriveraient un jour. Du moins, c'est ainsi que je pensais, moi. Hélas, c'est toujours à ces moments-là que se produisait une nouvelle catastrophe. Ainsi, ce jour où, revenant de l'école, je me rends compte qu'il règne dans la maison une atmosphère solennelle. Je vois mon père qui réfléchit, sans doute à la façon d'aborder le propos qui nous intéresse. Puis, il se décide.

— Les Allemands sont venus nous dire de faire nos bagages. On nous expulse !

Nous ne savons pas où aller. Tous les amis et les parents sont déjà à l'étroit. Mon père, fort heureusement, obtient la permission d'emménager dans une des classes de l'École des Arts et Métiers où il enseignait. L'institution vient d'être fermée, car on mobilise les jeunes gens du pays. Enrôlés dans l'armée allemande, ils seront aussitôt expédiés vers le front russe.

Ayant réquisitionné la maison que nous habitons, les Allemands s'installeront dans nos meubles dès notre départ. Nous emportons néanmoins deux matelas, un peu de vaisselle, des vêtements chauds, des couvertures et quelques valises dont celle qui contient les timbres. Avant de partir, nous enterrons dans le jardin un certain nombre de pièces d'argenterie – les dernières qui restaient – et deux bouteilles d'alcool méthylique. C'est Liudas et moi qui enfouissons le tout dans la terre. À la rigueur, je comprends qu'on enterre l'argenterie pour la vendre au besoin, si jamais il le fallait, mais l'alcool ? Mystère, puisque Liudas ne sait pas lui non plus pourquoi on les enterre. Nous nous apprêtons à quitter notre « cimetière » quand on nous apporte un carton qu'il faut cacher comme le reste. Il s'agit de l'habit de cérémonie de mon père. Ce n'est sûrement pas dans l'espoir de « l'exhumer » un jour qu'il le fait disparaître. L'idée qu'un Allemand oserait le mettre, peut-être ? Ou bien la certitude de ne plus jamais avoir l'occasion de le porter ? Qui sait ? La raison qui motive ces gestes ne change rien à la besogne. Nous creusons un nouveau trou.

*

L'École des Arts et Métiers se trouve dans le vieux quartier de la ville. Elle est entièrement déserte depuis la mobilisation, mais quelques professeurs y viennent encore parfois pour assister à d'obscures réunions. Les locaux sont glacés parce que les grands froids sont revenus et que l'établissement n'est pas chauffé. Il n'y a pas de cuisine. Mais comme il y a peu à manger de toute façon, nous ne serons guère plus incommodés de ce côté-là.

Après avoir entassé les bancs de la classe dans un coin, nous étendons par terre nos deux matelas. Il n'y a plus de draps, plus d'oreillers. Seulement des couvertures et des manteaux. Nous dormons tout habillés. Le froid pince les oreilles et les pieds sont gourds. Nous réchauffant mutuellement, Liudas et moi parvenons à dormir tant bien que mal. Durant le jour, quand on bouge et qu'on accomplit de petites besognes, on sent moins le froid. Même si le soleil est avare, on sent qu'il est là. Quand le jour tombe, c'est autre chose. Aussi, quand nous rentrons de l'école, Liudas et moi, nous nous engouffrons dans la salle de bains où le réservoir à eau qu'on chauffe au bois suffit à tiédir la petite pièce. Nous nous installons tous les deux dans la baignoire, en travers de laquelle nous mettons une planche qui nous sert de table pour faire nos devoirs, car notre école est encore ouverte. Nous restons dans cette pièce jusqu'à l'heure d'aller nous coucher.

Le problème des repas est plus compliqué. Pas question de cuisiner quoi que ce soit. Que nous manquions de matières premières, ce n'est pas peu dire ! Nous mangeons des tranches de pain noir et de la margarine. Pas besoin de cuisinière pour des repas pareils. Mais un système ingénieux en soi, qui ne fonctionne malheureusement pas toujours, nous permet de cuire quelques pommes de terre sous le réchaud du réservoir à eau chaude. Cependant la cuisson est si lente que nous finissons presque à tout coup par avaler le légume avec sa couche de cendre et à moitié cru.

*

Les arrestations sont maintenant plus fréquentes. Les hommes sont enrôlés de force dans les *Bau-Batallion*[1] et envoyés hors du pays pour y travailler. Il ne se passe pas de jour sans que d'anciens étudiants de mon père frappent à notre porte, nous priant de les héberger. Nous avons imaginé une cachette

---

1. Bataillons de construction nommés aussi « ARBEIT DIENST ».

épatante, derrière une immense armoire posée dans l'angle de la classe. Les bancs entassés les uns sur les autres, au prétexte d'espace à utiliser pour nos besoins – ce qui est vrai, en soi –, découragent les Allemands qui ont pris l'habitude de nous rendre régulièrement visite, dans l'espoir de retrouver ceux qui se soustraient à l'enrôlement forcé. Je ne sais plus combien de ces fugitifs passent ainsi par notre abri. Ce ne sont jamais les mêmes. Je n'ose même pas demander d'où ils viennent ni où ils vont. Tout ce que je sais c'est que, lorsque les Allemands surgissent, les garçons se précipitent derrière les meubles et qu'ils réapparaissent dès que le danger est écarté. Ils sont comme nous, les doigts rougis par le froid, les yeux brillants, le nez pincé et les joues creuses. Pour eux, l'école où nous sommes est une étape, pas plus.

— Merci de tout cœur ! disent-ils, chaque fois.

Heureux d'avoir échappé à la fouille, ils baisent les mains de mon père avec effusion.

Nous vivons ainsi des mois durant, nous claquemurant entre la menace du froid, la menace de la faim, et celle des fusils allemands. Nous sommes plus près des rats que des êtres humains. Depuis longtemps déjà, nous avons mangé tous les *souchari*.

J'ai sans doute changé comme tout le monde. Parfois je regarde le visage vieilli de ma mère tandis qu'elle observe mon père. Elle aussi note combien il a grisonné, combien ses joues se creusent. Sa peau se fendille de petites rides comme un cuir séché par le soleil.

— On ne va quand même pas attendre de crever ici comme des bêtes ! s'indigne ma mère. Fuyons cet endroit maudit !

Mon père est d'accord. Je pense qu'il n'attendait que cela pour entreprendre les démarches nécessaires pour obtenir des cartes qui légitimeraient notre départ de la ville. Les bijoux qui restaient y passeront sûrement ! Ou bien on déterrera l'argenterie.

À compter de ce moment reprennent mes rêves secrets d'un pays où il n'y aurait pas de guerre, pas de fusils, pas de haine. Un beau pays où je pourrais descendre par magie pour rattraper tous mes retards et combler tous mes manques. Car j'ai beaucoup de retards, dans les jeux comme dans le sommeil ; et des manques – dont j'aime mieux ne pas parler – à commencer par la nourriture. De tout cela, je souffre. Pas plus que les autres peut-être, mais sûrement tout autant. Un travail forcené s'accomplit dans ma tête. J'échafaude mille solutions que je ne mènerai pas à terme, tant leur illogisme me déroute. Pourtant, j'espère et je me dis qu'il existe sûrement sur terre un endroit où l'on peut vivre heureux.

*

Le jour de mon dixième anniversaire je comprends que j'ai cessé d'être un enfant ; désormais on va me traiter en homme. « Joyeux anniversaire ! » On m'embrasse. Mais il est loin le temps des fêtes, loin le temps des gâteaux et loin le temps des cadeaux. Un anniversaire est un jour comme les autres. On est plus vieux d'un an, voilà tout.

Les jours se ressemblent. Mon père multiplie les démarches sans dire s'il est découragé ou pas. Mais moi je le suis. Un silence s'établit petit à petit dans la classe de l'École des Arts et Métiers où nous sommes encore. Un silence épais, visqueux, étouffant. Secrètement, je sens que nous avons tous un peu perdu l'espoir d'en sortir.

Pourtant, un matin, c'est décidé. Nous pourrons partir en quête d'une vie meilleure. On m'accroche un petit sac au cou dans lequel on a mis un minuscule chapelet, et mon certificat de naissance au dos duquel on a écrit deux adresses à l'étranger.

Nous allons vers la campagne. Chacun de nous emporte avec lui ce qu'il a de meilleur en fait de vêtements, ce qui ne fait pas beaucoup de bagages. Mon père a réussi à louer un camion à bord duquel nous montons. Le véhicule fonctionne grâce à une chaudière à bois qui fait entendre un petit sifflement. Ça nous tiendra compagnie. Nous allons en direction de Kybartai où mes parents ont une amie, Mlle Popiekaite, qui vit seule dans une ferme. Elle a consenti à nous héberger. Le petit village a l'avantage d'être situé à la frontière allemande. Mon père croit que nous y serons autant à l'abri des Russes (dont le retour semble imminent) que des Allemands eux-mêmes. Mais il est entendu que si, chemin faisant, nous avons le bonheur de découvrir ce qu'il nous faut, nous nous y arrêterons sans hésiter.

Tout au long de la route, nous entendons le crépitement lointain des fusillades. Nous rencontrons de nombreux fermiers allemands qui fuient vers leur pays. C'est la désolation : maisons démolies, fermes brûlées… Des creux et des bosses : voilà la route. Pas étonnant que notre camion tombe en panne. Il faut l'abandonner à l'entrée d'une forêt. Nous poursuivons notre odyssée à pied, traînant nos effets jusqu'à ce qu'un fermier accepte de nous faire monter dans sa charrette. Les samaritains sont rares. Ils veulent surtout être payés. À Marijampolie, un cultivateur consent à nous transporter jusqu'au prochain village en échange de quelques boîtes d'allumettes.

La nuit, nous dormons dans le foin des fermes qui sont encore debout. Le sommeil est lent à venir. Nous sommes rongés par la faim et hallucinés de fatigue. Il arrive que des inconnus nous donnent à boire et à manger, et c'est ainsi que je bois du lait pour la première fois depuis des mois ; j'en avais oublié le goût. Partout où nous passons, nous supplions les fermiers de nous héberger. « Nous sommes déjà trop nombreux, répondent-ils, les soldats allemands nous ont pris toutes nos bêtes. »

Comme des chiens qui errent, nous poursuivons notre longue route. Je me sens pauvre, nu, infime et oublié. Petit à petit, j'ai perdu mes illusions. Les plus vaines s'en sont allées toutes seules, je le crains. Et les autres ont fini par voler en éclats dans le fracas continuel des bombes qui écrasent les villages.

Vers midi, un fermier qu'accompagnait son fils de treize ans offre de nous reconduire jusqu'à Vilkaviskis. Je n'oublierai pas de sitôt cet épisode. Douze heures de charrette contre une paire de souliers. Les miens !

À Vilkaviskis, il fait chaud. Nous couchons dehors comme les nuits précédentes. Je pense que Dieu ne s'occupera jamais plus de nous. Je tente une prière, mais les formules sacrées m'échappent toutes. Je m'assoupis, terrassé tant par la faiblesse que par la fatigue. Dès le réveil, nous décidons d'entreprendre la quête quotidienne de la nourriture. Nous finissons par échouer au presbytère où le curé, pris de pitié sans doute, nous fait dresser une table qui apaisera notre faim pour longtemps. Du moins, c'est ce que nous pensons quand, repus, heureux, nous repartons dans une nouvelle charrette : celle du curé. En cours de route, les paysans nous offrent du lait en quantité. Le lendemain nous arrivons enfin à Kybartai. Je suis toujours pieds nus mais ma joie est immense à la vue de notre nouvelle demeure. La maison n'est pas grande. Nous devrons coucher par terre, mais la nourriture ne nous fera plus défaut. Le potager est rempli de mille bonnes choses que je découvre et que je ne pensais plus revoir. Encore moins manger. Laitues, carottes, concombres, framboises... Je n'en crois pas mes yeux ! Et sans demander la permission, je croque sur-le-champ une belle carotte fraîche qui sent bon la terre et le soleil. Puis des framboises pour un dessert improvisé.

Dans la maison, Mlle Popiekaite s'affaire autour du poêle de la cuisine, rempli des casseroles. Elle est toute douceur et tout sourire. Elle me rappelle tante Valé.

À table, je mange encore de bel appétit la viande et les légumes dont nous avons été privés si longtemps ; une salade préparée à la crème fraîche et un plat d'une incroyable saveur : des concombres frais, coupés dans le sens de la longueur et tartinés de miel.

*

Quelque chose de plus instantané que la pensée, de plus fort que l'intelligence : l'instinct m'avertit que ce bonheur sera de courte durée.

Une pénible nouvelle vient confirmer ce pressentiment : les Allemands arrêtent tous les hommes, jeunes ou vieux, pour les conduire dans les camps de travail. Nous échappons de justesse à une descente surprise des soldats dans la rue. Ils procèdent de curieuse façon. Un camion bloque la rue, tous les hommes qui se trouvent sur la voie publique sont pris sans pitié et sans leur laisser le temps de dire adieu à leur femme ou à leur mère, ou d'embrasser leurs enfants. On ratisse les maisons une à une. Nous vivons dans un véritable bourbier.

Une nuit, un soldat, l'arme au poing, s'introduit dans la demeure de Mlle Popiekaite. Mon père est découvert. C'est fini. Je sais qu'on va l'emmener. Affligé d'un tic bizarre qui lui contracte spasmodiquement une moitié du visage, l'horrible sbire ordonne à mon père de s'habiller.

La sale gueule du soldat, sa voix grossière, son ton agressif me donnent envie de hurler. Mon père enfile pesamment son pantalon tout en parlementant. L'Allemand hoche la tête. Il ne veut rien entendre. Il n'est pas intéressé par les pleurs de la mère, par le destin des enfants, par la pitié, par les promesses. Il fait son travail. Les ordres sont les ordres.

Mais avant de partir mon père fait une dernière tentative. Les yeux implorants, la lèvre tremblante, il montre sa valise de timbres, l'ouvre.

— Tout est pour vous, en échange de ma liberté.

Mon cœur fait un saut dans ma poitrine. J'ai l'impression d'avoir cessé de vivre, asphyxié par je ne sais quelle émotion. L'Allemand hésite. Il admire les albums. Il ne sait pas. Mais il regarde, il convoite. Il n'est peut-être pas philatéliste, mais il sait qu'il y a là une fortune.

— *Alles für sie*[1] ! reprend mon père.

— *Jawohl*[2] ! lance le soldat en empoignant la valise.

Un soupir de soulagement s'échappe de ma poitrine. C'est gagné ! Le soldat quitte la maison en emportant avec lui les derniers vestiges de notre fortune.

---

1. Tout pour vous ! (A)
2. D'accord. (A)

Inutile de penser à nous enfuir pour l'instant. Aussi, le lendemain matin, de bonne heure, mon père va se cacher dans le vaste champ de blé derrière l'écurie. Il emporte avec lui de quoi manger et une couverture pour la nuit.

Trois jours durant, les soldats viennent fouiller la maison à plusieurs reprises, mais repartent bredouilles. Le « philatéliste » au visage de sorcière a dû leur indiquer la maison. Le quatrième jour, les soldats ne se contentent pas de visiter la maison et les bâtiments de la ferme, ils poussent leurs recherches jusqu'au champ de blé. Par surcroît ils sont accompagnés d'un chien. Le ratissage de la patrouille dure peu de temps. Feignant le désintéressement, nous n'osons pas regarder dans leur direction. Ils ne sont pas dupes. D'ailleurs leur chien saura bien trouver s'il y a quelqu'un dans le champ ou non.

Un aboiement féroce éclate. Un aboiement acharné qui s'enfle et que toute la ferme répercute. On a repéré mon père. Une sueur froide couvre ma nuque.

Ils le ramènent à la pointe du fusil, les mains tendues timidement en l'air, sa couverture posée sur les épaules. Le voici maintenant tout près de l'écurie. J'entends l'herbe rase craquer sous ses pas. Il bute de temps en temps contre des pierres. La lourde clarté du soleil semble suspendue dans l'air immobile. J'ai l'impression que mon sang ne voyage plus dans mes veines.

Pendant qu'un des soldats tient mon père en joue, le second fait quelques pas en notre direction.

— *Kommen sie mit uns, schnell* [1] !

Nous sommes arrêtés, nous aussi.

Je serre les dents pour ne pas m'évanouir. Il ne doit pas s'apercevoir de ma peur. Et je ne lui ferai pas le plaisir de pleurer devant lui.

Lazys, peut-être nous reverrons-nous?

---

1. Venez avec nous, vite! (A)

TROISIÈME PARTIE

Il n'est pas difficile d'être prisonnier : il s'agit simplement de se laisser faire. Monter dans le camion quand on vous l'ordonne, se taire, s'asseoir, se mettre debout selon le bon vouloir des gardiens ; agir comme si votre volonté était désormais subordonnée à une autre. On n'a plus à décider, seulement à obéir. Jusqu'à maintenant c'est supportable.

Puis on nous dépose dans une cour où d'autres personnes attendent déjà. À notre arrivée, elles ne manifestent ni joie ni peine, ni étonnement. Quant aux soldats, ils sont bruyants. Devant leurs supérieurs, ils s'ébrouent et racontent leur chasse en mimant notre désarroi, nos peurs, en les tournant en dérision. Les uns crachent des ordres et hop ! les autres lèvent les mains en l'air. Ils s'amusent à nos dépens. Je serre les lèvres. Un flot de salive s'accumule sous ma langue. Faute de pouvoir leur cracher à la figure, je la ravale. Voici qu'ils se tapent dans le dos, qu'ils se congratulent. Certains sont sûrement en train de se gagner des médailles. Ils m'écœurent.

Le calme se fait. Ce n'est pas du silence, mais seulement une absence de voix et de rires. Autour de moi, j'entends les respirations haletantes. Cela fait comme un bruit de vent dans les feuilles. Des officiers s'approchent de nous. Ils nous lorgnent d'un air fielleux. Les soldats tâtent les biceps, les mollets, examinent les dents comme on fait pour les chevaux dans les foires.

Un regard entendu, un hochement de tête, quelques mots incompréhensibles et ça y est : on décide du sort de chacun. À l'écart des miens pour un instant, je me sens encore une fois sombrer, fondre dans l'inquiétude. Que vont-ils faire de nous ? Je m'élance pour me jeter dans les bras de ma mère. D'un revers de main, l'officier m'écarte en ricanant. Ici, pas de place pour les sentiments !

Mon père ne tient plus. Il questionne les deux hommes en s'appliquant à parler cette langue qu'il connaît mal.

— *Was ? Wohin ? Sie machen mit uns* [1] *?*

L'officier marmonne une phrase absolument inintelligible d'où mon père parvient à saisir deux mots : *Arbeiter* et *Deutschland* [2].

— Nous allons dans un camp de travail en Allemagne.

Et c'est ainsi que le 28 juillet 1944, vers six heures du soir, en compagnie d'une vingtaine d'autres infortunés, un train étroitement surveillé par des soldats armés nous emporte vers l'Allemagne.

---

1. Quoi ? Où ? Vous faire avec nous ?
2. Travailler et Allemagne.

Nous atteignons Königsberg[1] à minuit. On fait descendre tout le monde. C'est là que nous dormirons le reste de la nuit. Malgré la saison, il fait froid. Cordés comme des bûches sur le quai de ciment de la gare, nous nous tiendrons chaud en attendant l'aube.

Au matin, courbatus, le ventre vide, on nous fait embarquer dans un autre train qui nous emporte ailleurs. À Marienburg où le convoi s'arrête, on nous donne à manger. La nourriture nous est distribuée par des prisonniers anglais, des hommes d'une pâleur crayeuse, qui nous parlent dans leur langue. Malheureusement, personne ne les comprend. Je leur souris des yeux, des joues, des lèvres. Je n'en finis plus. Les joues me font mal, mais en dedans, cela fait du bien.

Les Anglais s'attardent près de notre portière. Ils nous parlent surtout par gestes maintenant, en faisant des mimiques invraisemblables. J'arrive à saisir des chiffres, à traduire des idées, à comprendre des sentiments. On cligne des yeux, on agite les mains, on ouvre la bouche, on laisse échapper des sifflements. La conversation est hallucinante, frénétique. Un des prisonniers anglais imite le bruit de l'avion. Il fait voler une main et de l'autre pointe sa poitrine. Nous lui faisons signe que nous avons compris. Nous lui tendons nos mains, car le train repart. Les Anglais regardent d'un air sombre le train s'en aller. Je me demande à quoi ils

---

1. Aujourd'hui Kaliningrad.

pensent. Ont-ils pitié de nous ? Nous envient-ils ? Et doit-on nous envier ? Je ne le saurai jamais.

La suite du voyage se déroule, pour moi du moins, dans un état d'engourdissement ; moitié rêve, moitié réalité. Tard dans la soirée nous atteignons Berlin. On nous fait descendre. Certains d'entre nous ont dû quitter le train en chemin avec leurs gardiens, car notre groupe est moins important qu'au départ.

— Si seulement ils pouvaient nous rapprocher de la France ! soupire mon père qui a passé toute sa jeunesse à Paris.

Il en profite pour nous rappeler certaines choses. C'est entendu, si jamais on nous séparait, « rendez-vous quand vous le pourrez à l'adresse la plus proche indiquée sur le document que vous portez au cou ! »

Le choix n'est pas grand. Il n'y a que deux adresses : celle d'un frère de ma mère qui est curé en Pologne, et celle du frère de mon père qui vit depuis de nombreuses années à Marseille. Je touche le cordon du petit sachet qui contient les documents. Il est toujours à mon cou. Mais si je perds les adresses, ou si on me les enlève de force, qu'arrivera-t-il ? Je décide d'apprendre par cœur, et sur-le-champ, celle de mon oncle marseillais : 24, rue Malmousque ! Je répète comme un perroquet, sans arrêt, jusqu'à ce que cette adresse se soit bien incrustée dans ma mémoire, tout à côté des prières, des poèmes et des chansons que j'ai appris jadis. Mon père se réjouit de ma prévoyance.

— Tu verras, nous irons le voir bientôt, ton oncle.

Père est plein de confiance. Lui aussi a sans doute hâte de le revoir. Il sera amusant de voir ensemble les deux frères, Alec et Alexandre... Je souhaite que ce soit vrai, que nous le verrons bientôt. J'aimerais bien le connaître l'oncle Alec. Je ne l'ai encore jamais vu. Pour gagner sa vie, il dessine les aventures d'un petit bonhomme surnommé Pitche. Je le trouve drôle, son Pitche ; j'ai tous les albums que l'oncle Alec a faits de lui. Il en a de la chance de dessiner toute la journée pour amuser les gens ! Je suis sûr que tout le monde aime mon oncle. Et Pitche aussi.

Nos gardes armés sont remplacés par deux hommes en civil. La disparition des uniformes et des fusils me rassure. À Berlin, les nouveaux gardes – qui sont à la fois guides – nous font prendre le tramway. Je ne suis pas mécontent de me trouver dans cette ville de laquelle, si j'en crois ce qu'on en dit autour de moi, dépend le monde entier. Il reste que le monde entier ne voit pas ce que je vois ! Peut-être est-ce le fait que je sois distrait, trop absorbé encore par le souvenir de Pitche, mais il me semble que Berlin n'a rien sur quoi puisse s'appuyer le monde entier. Ce ne sont que ruines lugubres et désolation.

Après le tramway, il y aura encore un train à prendre, puis un autre. Je n'ai jamais tant voyagé de ma vie ! C'est vers minuit que nous arriverons à Storkow. Un tracteur et une remorque nous y attendent. Dans la nuit, à travers une route bordée de grands arbres, le voyage durera deux longues heures. Puis, épuisés et affamés, nous atteignons un minuscule village du nom de Bugk où l'on nous servira une soupe chaude que nous avalerons gloutonnement. Il semble que ce soit là le bout de la route en ce qui nous concerne, car on nous indique une masure où nous pénétrons les uns après les autres.

Épuisés de fatigue, nous tombons endormis.

Dès le matin, un cri nous réveille :

— *Aufstehen* [1] *!*

Il est clair que nous ne sommes pas venus ici en vacances. C'est un camp de travail. J'ouvre les yeux et réalise que l'endroit où nous avons dormi est un hangar délabré. C'est la « résidence » des derniers arrivés : les Lituaniens. Les autres prisonniers sont casés dans des baraques. Nous lions connaissance avec les anciens qui semblent heureux de voir la famille s'agrandir. Parmi nos nouveaux compagnons se trouvent quatre Français dont un civil et trois militaires, deux Belges, des Polonais, des Tchèques, plusieurs militaires russes et d'autres hommes encore à la nationalité indéterminée.

Très peu de femmes et, à l'exception d'un garçon qui doit avoir l'âge de Liudas, les adolescents sont inexistants. Je suis le plus jeune du groupe.

Sauf pour les repas qui sont pris en commun dans une baraque installée en retrait dans le bois, nous ne voyons à peu près jamais nos compagnons. La vie de famille elle-même est inexistante depuis assez longtemps. Je dois

---

1. Debout !

apprendre à compter sur moi-même pour à peu près tout ce qui n'est pas les ordres donnés auxquels je dois obéir. Et ces ordres, comme l'on pense bien, ne me viennent pas de mes parents. À l'entrée du village, les Allemands construisent des maisons pour les leurs. Il s'agit de reloger ceux dont l'habitation a été détruite par les bombes. Mon père et mon frère sont assignés à l'installation des fils électriques des constructions nouvelles. Ils partent tôt. Je n'ai pas le droit de les suivre. Ma mère aussi part tôt le matin. En fait, c'est elle qui s'en va la première. Elle travaille à la cuisine des prisonniers. Lorsqu'elle revient, il fait nuit ; je ne la vois jamais, ou presque. Parfois, à l'heure des repas, je m'introduis subrepticement dans la cuisine. Mère me fait un discret signe de la main pour ne pas être vue. Mais je m'attarde, toujours trop longtemps ; les matrones allemandes me sortent à coups de pied, en glapissant des injures. Mes jambes sont meurtries d'ecchymoses.

Comme je suis trop jeune pour travailler, les Allemands décident de m'envoyer à l'école. J'apprends à écrire en caractères gothiques, à chanter *O Tannenbaum* [1] et *Deutschland über alles* [2]. Je m'applique à leur être agréable mais pas un parmi les écoliers n'accepte de jouer avec moi. Ils m'appellent *ausländer* [3] et me « chahutent » sans répit. Leurs taquineries ne

---

1. Mon beau sapin.
2. L'hymne national allemand.
3. L'étranger.

cessant que pendant les cours, les récréations deviennent bientôt pour moi de véritables cauchemars pendant lesquels les taloches pleuvent sans rémission. Je me laisse molester sans riposter, en distillant dans l'âme un venin dont je voudrais pouvoir les asperger. J'envie secrètement un petit borgne, car malgré son infirmité on ne l'appellera jamais *ausländer* puisqu'il est allemand. Quel horrible mot ! N'auraient-ils pas pu – s'ils y tenaient tant – m'appeler *dummkopf* [1] ou *verrückt* [2], au lieu de ce sobriquet inhumain qui me rappelle sans cesse que je ne suis pas chez moi ?

Après la récréation, un jour, le maître d'école me demande s'il m'intéresserait de devenir membre de la *Hitlerjugend* [3]. Je lui réponds *Nein !* sans hésitation. Le gros homme encaisse l'affront sans réagir mais je sens, à partir de ce jour, que sa voix habituellement polie contient des inflexions effrayantes. Il m'épie, il me guette, il attend l'occasion ; sa colère bouillonne.

Autrefois, dans ma petite école, nous faisions le signe de la croix au début et à la fin de chaque classe. Ici, ce geste religieux est remplacé par la main droite levée en l'air et par le cri : « *Heil Hitler !* » que lancent en chœur les élèves. Dans le tohu-bohu général, je me suis toujours abstenu sans que le maître le remarque. Aujourd'hui, c'est différent. Il m'a à l'œil. Je l'observe : il surveille mes moindres

---

1. Sot.
2. Fou.
3. Jeunesses hitlériennes.

gestes, mais je ne change pas d'attitude pour autant.

Le moment est venu de crier « *Heil Hitler!* » Toute la classe crie, sauf moi. Je reste imperturbable. Le gros homme bourru descend de son estrade et vient se planter devant moi.

— Tu n'as pas dit « *Heil Hitler* »?

— Non.

Rigide et les poings crispés, je me sens invulnérable.

— *Warum* [1] ? continue le gros lard avec âpreté.

— Parce que je suis un *ausländer*!

Mon explication produit un violent effet. Une gifle brutale m'est assénée aussitôt sur la joue. À peine ai-je le temps de me ressaisir qu'un énergique coup de poing au ventre me plie en deux.

— *Geh raus du Schwein* [2] ! hurle le bonhomme, l'index pointé vers la porte.

Je n'ai pas besoin qu'on me fasse un dessin. Je quitte la classe en titubant, heureux néanmoins d'avoir craché mon mépris. En fait, je ne me souviens pas avoir été un jour aussi fier de moi. On me punit en me chassant, mais je ne considérais pas comme un honneur de faire partie de la *Hitlerjugend*. Il reste que l'école m'aura au moins servi à quelque chose ; en peu de semaines, j'aurai réussi à parler allemand sans aucun accent.

---

1. Pourquoi?
2. Dehors, cochon!

*

Avec l'arrivée des froids, Liudas a changé de travail. Il doit veiller au transport et à la distribution du combustible. Il passe ses journées à se promener d'une porte à l'autre des baraques avec une brouette remplie de charbon. La ration quotidienne est de sept briques d'anthracite par baraque. Liudas respecte la consigne à la lettre, pour les autres. Lorsqu'il passe devant notre hangar, il décharge toute sa cargaison et il cache le charbon sous nos lits, pour le soustraire aux inspecteurs. La nuit, la chaleur est si étouffante qu'il nous faut dormir les fenêtres ouvertes. Lorsqu'il a terminé sa distribution, Liudas transporte aussi les ordures. Bien entendu, cela lui plaît beaucoup moins.

Quant à moi, maintenant que je ne vais plus à l'école, je suis chargé de menues besognes sans grand intérêt. Je remplis de gravier le tombereau du maçon et je transporte des pierres et des briques servant à la construction des abris. Je me fais des muscles.

*

Un vent furieux nettoie le ciel immense. Une gelée blanche recouvre les arbres et les toits. L'hiver s'installe parmi nous sans avoir été désiré. La mince salopette que je porte ne parvient pas à réchauffer mes membres transis. Je n'ai ni manteau, ni souliers, ni bas de laine. Pour remplacer les chaussettes, mon père a trouvé une idée ingénieuse. Il a rapporté du chantier des rouleaux de papier brun dont on entoure les fils électriques. Avec ce papier qui s'étire comme de la gaze à bandage nous entortillons nos pieds et nos chevilles, comme on ferait un pansement sur un membre malade. Nous n'avons malheureusement rien pour retenir aux mollets ces bas de fortune, et il arrive souvent que les bandages se défassent quand nous marchons sur la route. Mais le temps qu'ils restent en place, et avec les sabots de bois qui font bon ménage avec le papier, nous nous plaignons moins du froid aux pieds.

Sous la semelle en bois, là où elle adhère, la neige miaule sinistrement. De grosses mottes s'accumulent ainsi sous les sabots qu'il nous faut gratter tous les dix pas, si nous ne voulons pas grandir indéfiniment et marcher comme sur des échasses.

À la cantine, la nourriture est infecte. C'est à la fois soupe et plat de résistance. Plus souvent qu'autrement, la pitance ressemble à la pâtée que nous donnions à notre chien. Dans une sauce gluante, immangeable, de couleur brunâtre, quelques rondelles de pommes de terre et de carottes surnagent. Parfois un de nous tombe sur un minuscule cube de viande gros comme une gomme à effacer ou encore sur une demi-sardine; cela tient de la chance. C'est un peu comme tomber sur la fève du gâteau des Rois.

Le plus pénible, c'est quand le chef du camp vient manger en même temps que nous. Il s'installe seul à une table, dans un coin de la cantine, légèrement de profil, et déguste un gigantesque morceau de viande qu'on lui fait cuire spécialement à son goût. Il découpe posément la pièce saignante et grasse, dont l'odeur appétissante envahit la salle. Devant l'assistance médusée, il porte délicatement à ses lèvres les petits morceaux de viande luisants et juteux, les dépose dans sa bouche, mâche tranquillement, les broie en se délectant et avale, les yeux légèrement fermés pour mieux savourer.

J'ai horreur de cet homme, d'autant plus qu'il répète son manège dans le but évident de nous faire sentir que nous sommes des *ausländer*!

Si je le pouvais, je ne viendrais pas à la cantine, tant il me répugne de le voir. La chaleur de la pâtée apaise pourtant mon ventre creux, et puis c'est ma seule chance d'entrevoir ma mère que je ne rencontre presque jamais ailleurs.

Un jour il m'arrive de trouver quelques cubes de chair dans ma gamelle. Je me réjouis. Je m'empresse de manger mes pommes de terre d'abord, d'avaler ma sauce, de nettoyer soigneusement le fond du plat de métal en gardant ma viande pour la fin, comme un suprême dessert. Je m'attaque alors aux petits dés avec mille précautions. Je me fais languir volontairement avant de les porter à ma bouche. Je les roule ensuite entre la langue et le palais en prenant bien soin de ne pas les croquer ni de les avaler trop vite. Et puis, n'y tenant plus, je croque comme s'il s'agissait du mets le plus précieux sur terre et j'avale. C'est bon, c'est doux et c'est curieusement sucré. Enfin, je n'ai jamais rien goûté de tel. J'en fais la remarque à mon voisin de table.

— Pas surprenant, dit-il. C'est du rat !

Et moi qui osais me plaindre du jus de betterave !

*

Les alertes sont nombreuses mais personne n'a peur.

— Si jamais il tombe une bombe ici, expliquent les prisonniers militaires, c'est qu'elle se sera perdue.

Chaque nuit, nous entendons des bombardiers survoler la région. Ils se dirigent sur Berlin qui n'est qu'à cinquante kilomètres. Le ciel s'illumine, il rougeoie. Les grondements sourds des bombes parviennent jusqu'à nous.

Un jour, on choisira plusieurs de nos compagnons pour aller déblayer les ruines et aider à reconstruire le métro de Berlin. Ils partiront pour cette nouvelle corvée, le cœur gros ; ils savent qu'ils auront à travailler durant les bombardements.

À cause de l'hiver, la construction marche au ralenti. D'ailleurs les matériaux se font de plus en plus rares. Mon père qui travaille moins maintenant a le temps de bavarder avec d'autres prisonniers, sans se faire rabrouer par les surveillants. Il aime particulièrement M. Dorfeuil, un Français qui fume la pipe et son compatriote, un officier rieur, très sympathique, M. Fréseau. Grâce à cet homme, tout le camp est au courant des dernières nouvelles concernant la guerre. En effet, M. Fréseau est chargé de réparer les postes récepteurs des Allemands du village. Il passe tout son temps dans les maisons privées à écouter la radio clandestine.

— Les Allemands perdent sur tous les fronts! annonce-t-il radieux. À demain les copains, même heure, même poste!

Je voudrais pouvoir converser avec lui, mais je ne parle malheureusement pas le français. Mon père traduit ses paroles et nous rions tous à gorge déployée des astuces de ce militaire français, le premier que je rencontre de ma vie.

Mais mon père ne me traduit pas tout. Il y a des taquineries qui accueillent M. Fréseau qui ne me sont jamais traduites. Aux gestes qui les accompagnent, je sais d'avance qu'on ne me les traduira pas non plus. Je sais certaines des bonnes fortunes de M. Fréseau. Lorsqu'on ne le voit pas à la cantine, c'est qu'il a fait main basse sur un bon morceau dans quelque cuisine. Il arrive qu'il se fasse inviter par une brave dame qui a pitié de sa maigreur, mais parfois il se sert. Il est tellement gentil qu'on ferme les yeux sûrement. Bravo, monsieur Fréseau!

À la fin du mois de janvier 1945, tel que prédit par cet ami français, le front se rapproche au point que l'école sera fermée. Les plus grands parmi les élèves iront faire la guerre. Quant à nous, demain nous partirons vers une destination inconnue. L'inconnu, maintenant je ne connais que cela ! À six heures du matin, deux tracteurs sont déjà là avec leurs remorques. Nous montons dans la première, en compagnie d'un groupe de prisonniers italiens et de nos amis, les Français. Le voyage commence dans une joie que nous n'avions pas connue depuis notre arrivée en Allemagne. Français et Italiens chantent à tour de rôle. Leur gaieté m'aide à oublier ma faim, mon inquiétude, et le froid qui est terrible car les remorques sont à ciel ouvert.

Nous roulons à travers bois. Les arbres et le sol brillent dans les lueurs de l'aube. Je suis émerveillé. On dirait qu'un mystérieux géant est passé par là, qu'il a tout décoré comme on fait au temps des fêtes. En somme, il s'agit en réalité de papiers métalliques éparpillés par les avions anglais ou américains pour brouiller, paraît-il, les radars allemands. Tant de génie me remplit d'admiration. Cette multitude de papiers argentés qui s'accrochent aux arbres et leur donnent cet air de fête, ces bandelettes ondulent dans la brise matinale et brillent dans le soleil neuf. C'est féerique.

J'ai horreur des soldats, de leurs fusils et de la guerre, mais il me semble que cela ne me déplairait pas de survoler un pays ennemi et de l'inonder de millions de tonnes de serpentins argentés. Si j'étais à la place des Anglais, je ferais des doubles, des triples, des quadruples parachutages jusqu'à ce que les Allemands soient enfouis sous les papiers brillants, qu'ils ne retrouvent ni leur chemin ni leur maison. Une guerre de papiers, une guerre de confettis, de serpentins serait drôle et belle aussi... je rêve. Et pendant ce temps nous arrivons au terme de notre voyage à travers bois.

À la gare de Storkow, on nous présente à notre nouveau guide-surveillant, un *baumeis-ter*[1]. Je vois de l'agressivité dans ses prunelles. C'est inquiétant. Il est petit, rondouillard, l'air pas commode. Il nous avertit qu'il n'aime pas les histoires et qu'à la moindre désobéissance il pourrait nous en cuire.

— Suivez-moi, dit-il d'un ton autoritaire, sinon gare à vous !

Pour nous prouver qu'il ne plaisante pas, le garde-chiourme entrouvre un pan de sa veste et nous laisse voir la crosse noire et menaçante d'un revolver. Les Italiens se poussent du coude. Le plus musclé d'entre eux, un Sicilien portant une barbichette – quatre poils au menton –, fait signe aux autres d'étrangler l'Allemand. Ses camarades semblent d'accord. Le terrain est propice : à la gare il n'y a pas âme qui vive qui ne soit de notre groupe. Ce sont les Français qui interviennent pour dissuader les Italiens d'exécuter leur dessein. Tout se décide dans le dos du guide allemand, grâce à un langage international : le geste. D'abord, un Français qui vrille un doigt sur sa tempe, ensuite un autre qui menace le Sicilien d'un coup de poing, puis un troisième, ses doigts repliés en forme de

----

1. Chef de construction.

revolver, nous mitraille tour à tour. Les mots sont superflus. Les Italiens, ayant compris, changent d'idée. L'Allemand l'a échappé belle. Nous aussi d'ailleurs, car Dieu sait ce qui serait arrivé ensuite ! Espérons que le reste du voyage se passera sans incident.

Le train que nous avons pris roule en direction de Berlin. Nous sommes convaincus que c'est pour nous embaucher dans l'équipe de rebâtisseurs. La peur se lit sur les visages. On ne chante plus. Je regarde tristement défiler sous mes yeux la campagne allemande. Les routes bordées de foin abandonné, les fermes brûlées. Bientôt les habitations se font plus nombreuses et plus rapprochées aussi. Et nous voici à Berlin, au milieu de maisons en ruine, de façades menaçantes, toutes trouées d'obus et noircies par le feu.

À la gare de Anhaltes Bahnhof, nous croisons un petit groupe de personnes qui parlent le lituanien. Nous échangeons quelques mots. Il me semble rencontrer des parents.

— Nous nous sommes échappés d'un camp de travail, dit un grand homme blond. Vous devriez en profiter vous aussi. Les Allemands sentent qu'ils perdent la guerre : ils sont devenus fous, ils ne nourrissent plus les prisonniers. Hier, ils ont fusillé tous ceux des nôtres qui étaient malades.

— Où comptez-vous aller ? demande mon père.

L'homme réfléchit un instant, puis dit :

— On n'en sait rien. L'essentiel c'est qu'on soit libres.

Il faut se quitter. Nous nous souhaitons mutuellement bonne chance.

— *Schnell ! Schnell* [1] *!* hurle notre gardien, en nous faisant monter dans un autre train bondé de passagers allemands.

C'est toujours la même chose. Nous ne savons jamais d'avance quelle sorte de train nous emportera. Train de passagers, train de marchandises... Wagons ordinaires, wagons de fret... nous prenons le premier qui se trouve en gare et nous nous entassons après les recommandations d'usage qui sont plutôt des ordres. Gare à ceux qui désobéiraient !

Nous sommes trop nombreux et ne parvenons pas à nous caser tous dans le même wagon. Il faut faire vite. Le train part. Je me retrouve dans la même voiture que ma mère, avec quatre Italiens et l'antipathique *baumeister* pendant que mon père, mon frère et les autres ont à peine le temps de s'engouffrer dans deux autres voitures. Impossible de circuler entre les wagons. Les voyageurs allemands sont tous debout, serrés les uns contre les autres, comme des bottes d'asperges. Certains sont agrippés aux marchepieds. Le train s'arrête à toutes les gares, il semble, mais la vue étant obstruée il ne m'est pas possible de lire les noms des villes que nous traversons. Je ne sais pas non plus si nous nous dirigeons vers l'est ou vers l'ouest. Les autres le savent peut-être, mais moi je l'ignore.

---

1. Vite ! Vite !

Dans une ville qui a pour nom Bitterfeld, le train s'arrête plus longtemps qu'ailleurs. Plusieurs voyageurs descendent. Nous changeons de place malgré nous. Je me trouve collé au dos du *baumeister* sur la passerelle entre deux wagons. Le train repart. Le vent glacé tourbillonne autour de moi. Je n'ai aucun point d'appui et bute sans cesse contre les flancs de mon garde. La crosse de son revolver que je sens sous la veste me glace plus encore que la bourrasque soulevée par la course du convoi.

Prochain arrêt : Roitsch.

— *Absteigen*[1] !

Tous ceux qui se trouvent dans ce wagon ont compris notre ours armé. On se retrouve donc sur le quai de la gare où l'Allemand fait le compte. Il lui manque plus de la moitié des effectifs.

— *Schnell ! Schnell !* hurle-t-il, *absteigen !*

Quelques autres personnes descendent précipitamment, mais mon père n'est pas là, pas plus que mon frère ; ni le groupe des Belges et des Français. Je les cherche en vain. Déjà le train repart. Nous fouillons désespérément des yeux, cherchant une tête familière, mais l'obscurité nous empêche de reconnaître qui que ce soit ; d'ailleurs le train roule maintenant trop vite. Bientôt, seule une lampe rouge courra sur l'horizon.

Sur le quai de la gare c'est un début de panique. La frayeur s'empare de ceux qui entourent le *baumeister*.

---

1. Descendre !

Le gardien est absolument hors de lui. Il tonne, il piétine sur place en jurant :

— *Verfluchtes Donnerwetter*[1] *!*

Pour apaiser la colère de l'enragé, un des Italiens tente de lui faire comprendre qu'il ne doit s'en prendre qu'à lui-même.

— *Sie nicht sagen wohin wir gehen darum*[2], dit-il sur un ton de reproche.

Le guide ne l'entend pas de la même oreille. Sa dernière parcelle de patience vient d'être rognée par cette explication en petit nègre. Il sort son arme et la brandit sous le menton de l'Italien dont les maxillaires sont rageusement soudés.

— *In die luft sprengen werde ich dich*[3] *!*

Décidément, je ne comprends pas le raisonnement de cet homme. Furieux d'avoir perdu plus de la moitié de ses prisonniers, voilà qu'il voudrait réduire encore le peu qui lui reste ! L'altercation a pour effet immédiat de nous attirer des curieux. L'Allemand explique à ses congénères arrivés à la rescousse qu'une partie du troupeau dont il avait la charge s'est envolée avec le dernier train. Malheureusement pour lui, plutôt que de compatir à ses ennuis, les badauds font savoir au *baumeister* qu'il a failli à sa tâche de gardien et qu'il devrait courir derrière le train pour le rattraper. Le *Herr baumeister* esquisse un pas, mais un éclat de rire général l'interrompt.

---

1. Maudit orage !
2. Vous pas dire où nous aller, pour ça…
3. Je vais te faire sauter en l'air !

— Si tu cavales derrière le train, tu risques non seulement de ne jamais l'attraper, mais tu perdras sûrement le petit groupe qui te reste! explique, adorablement jovial, un vieux bonhomme aux cheveux gris.

Le surveillant range son arme et, pour couper court sans doute à la risée générale, il étend brusquement son bras droit pour saluer.

— *Heil Hitler!* lance-t-il.

La situation est d'une cocasserie renversante. Les Italiens lèvent leur bras eux aussi.

— *Heil! Heil!* clament-ils, en se raidissant dans un garde-à-vous de fer.

La petite lumière rouge à l'horizon a maintenant complètement disparu. Mon père n'a sûrement pas entendu les ordres, je suis persuadé qu'il ne se serait pas sauvé en nous abandonnant seuls à notre sort. Il ignore sans doute que nous avons quitté le train. Pourvu qu'on ne les accuse pas, lui et les autres, d'avoir tenté de s'enfuir!

Le Sicilien avait peut-être raison : ils auraient dû l'étrangler, cet affreux berger qui ne sait pas conduire son troupeau!

Une sirène vient mettre fin à mes pensées obscures. Une alerte! Tous les Allemands sont invités à se rendre dans un abri souterrain où l'accès est interdit aux *ausländer* que nous sommes. En une fraction de seconde, comme des fourmis dans une fourmilière, hommes, femmes et enfants s'engouffrent dans un passage. Nous restons seuls dans la gare dont les lumières sont maintenant éteintes. Une lune blanche comme un vieil os desséché jette une lumière lugubre sur les visages inquiets. Le *baumeister* semble encore plus furieux qu'avant. Je me demande si c'est à cause des absents ou parce qu'il est obligé d'attendre la fin de l'alerte avec nous, à découvert, sur le quai de la gare. Ce n'est pas drôle d'être *ausländer*, n'est-ce pas *Herr baumeister ?*

La succession des bruits m'est familière : je sais qu'après la plainte des sirènes viennent les éclats de voix et les pas agités sur le sol ; suit alors un moment de silence puis, lentement, s'installe un grondement de moteurs, un vacarme qui s'amplifie, qui envahit bientôt les oreilles et résonne jusqu'aux entrailles. Le ronronnement annonce la venue des éclats. Parfois l'explosion des bombes arrive avant la détonation des canons, parfois c'est le contraire. Les projecteurs balaient désespérément le ciel en tous sens pour découvrir l'oiseau de métal porteur de mort.

Malgré tous ces grondements, je finis par céder au sommeil, assis par terre et adossé à la bâtisse de ciment, en regardant les rayons lumineux danser dans le ciel. Explosions lointaines, jurons étouffés, tout cela habite en moi sans que je frémisse. Dans cet état de sommeil et de veille alternés, je me sens comme suspendu dans le vide. Vers le milieu de la nuit les explosions se rapprochent lentement de la gare. Ma mère prie en silence. Je vois ses lèvres qui tremblent. Les Italiens non plus ne dorment pas ; eux aussi prient, en faisant de nombreux signes de croix à la fin desquels ils baisent l'ongle de leur pouce. J'assiste à cette scène comme si j'étais au théâtre. Les bombes ne m'angoissent plus. Du moins, pas ce soir. J'en ai tellement entendu tomber ! Je ne dirai pas que je m'habitue, mais je les « connais » mieux. Lorsque j'entends un sifflement long et aigu, je sais qu'il n'y a pas de danger : les bombes ne tomberont pas directement sur nos têtes. Il s'agit simplement de s'étendre par terre pour se protéger des éclats.

Soudain mon regard est attiré par des ombres qui se profilent le long de la voie ferrée. Ce sont des hommes. J'écarquille les yeux. Des parachutistes anglais ? C'est drôle, depuis qu'ils ont été si gentils pour nous, je pense souvent à eux dans les moments d'inquiétude. Il paraît qu'ils font sauter à la dynamite les ponts, les gares et les voies de chemin de fer. Les hommes se rapprochent, ils ont l'air de pantins. Le *baumeister* se dresse et, très agité, il va au-devant du groupe. Je les reconnais maintenant. Ce sont les nôtres ! Le cœur battant, les pupilles meurtries par les clartés fulgurantes qui déchirent le ciel, je cours à leur rencontre. Une gueulée d'injures allemandes, lancées par notre surveillant, accueille les arrivants qui font mine de ne pas les entendre.

Je demande à Liudas :

— Comment avez-vous fait ?

Il me coule un regard réjoui, pareil à celui qui illumine le visage des Français.

— Quand nous nous sommes aperçus que vous aviez quitté le train, père a tout simplement tiré le frein d'urgence ; sitôt le train immobilisé, nous avons sauté ! Tu aurais dû voir le boucan que cela a fait !

J'imagine la scène. Le train freinant subitement dans un grincement d'enfer... Et pendant que nous rions de bon cœur, les compagnons français tapotent amicalement les épaules de mon père. Moi je pense à mon petit train que les soldats russes ne savaient pas faire marcher et qui était toujours en panne, et cela m'amuse doublement.

Le garde est encore vexé. Il a refait son calcul : il lui manque encore quatre personnes.

— Ce sont les quatre Belges, explique discrètement mon père. Ils sont descendus dans une petite gare en chemin...

— Pourquoi ? insiste l'Allemand.

— Les toilettes du wagon étaient occupées, alors...

Liudas me donne plus de précisions.

— En réalité, ils sont descendus à Bitterfeld, en nous annonçant gaiement qu'on ne les y reprendrait plus !

Nous passons le reste de la nuit à croupir à la gare. Mais au moins, nous sommes de nouveau réunis.

Dès l'aube, deux remorques tirées par un tracteur puissant viennent nous chercher. Il nous conduira au camp de Grube Theodor, à Holzweissig, tout près de Bitterfeld[1]. Installées à proximité d'une mine de charbon, les baraques y sont nombreuses et les prisonniers qui y vivent de nationalités diverses. On y trouve des Polonais, des Tchèques, des Français, des Italiens, etc. Certains travaillent à la

---

1. Bitterfeld signifie « champ amer ».

mine tandis que d'autres sont employés à des tâches aussi diverses qu'obscures. Les Lituaniens sont pour la plupart assignés aux travaux de construction de nouvelles baraques. À en juger par les agrandissements prévus, il semble qu'on attende de nombreux prisonniers nouveaux. Une gigantesque clôture encercle le camp d'où, bien entendu, il nous est interdit de sortir. Les « anciens » avec qui nous bavardons nous apprennent que nous sommes tombés dans une espèce de cour de triage où nous ne resterons probablement pas longtemps. Ils tiennent le renseignement des Allemands eux-mêmes avec qui ils se sont liés d'amitié.

— Vaut mieux être dans leur manche, nous conseillent-ils, parce que c'est ici qu'on fait le tri des cobayes à utiliser pour les expériences pharmaceutiques !

Par la mine effrayée qu'affiche mon père, je soupçonne qu'il ne s'agit pas d'une nouvelle très agréable. J'aimerais quand même savoir exactement de quoi il s'agit. J'ai bien une vague idée, mais elle me semble si monstrueuse qu'il n'est pas possible que ce soit vrai. Quand je vais aux renseignements, je suis fixé. Je ne peux encore croire que ce soit vrai.

Une baraque située à l'extrémité du camp est spécialement réservée aux femmes. Les hommes n'ont pas le droit de s'en approcher. C'est là que vit ma mère. Une autre baraque est réservée à la fois au réfectoire et à la grande infirmerie. On nous y convoque à toute heure du jour pour nous faire subir divers examens médicaux auxquels nous nous soumettons avec le plus de docilité possible, afin de ne pas déplaire aux médecins qui pensent sans doute autant que nous aux cobayes. Un jour, une vingtaine d'hommes sont convoqués en même temps que moi. On nous fait dévêtir complètement et attendre en ligne, dos au mur, l'arrivée de spécialistes qui se présentent au bout d'une heure en compagnie de quelques *schwesters* blondes. C'est bien la première fois de ma vie que je vois à la fois autant de fesses blanches nues et autant de ventres poilus. Il y en a que la nudité ne gêne pas du tout. À les regarder, je me dis que ceux qui sont le moins gênés sont ceux qui devraient l'être le plus. Le spectacle a quelque chose de grotesque et de triste à la fois. C'est une foire de bêtes de somme soumises et qui obéissent au commandement ; qui lèvent les bras, les jambes, ouvrent la bouche, se penchent selon la volonté desdits experts et de leurs assistantes.

Je suis encore le plus jeune du camp et mon âge paraît créer un singulier problème aux responsables qui se demandent sûrement où et à quoi m'employer. Je suis finalement promu au rang de balayeur du camp et, le lendemain, à celui de porteur de planches et de pierres, quand ce n'est pas responsable du plancher du réfectoire. On me tient occupé. Je m'applique à donner le meilleur de moi-même, malgré mes paumes meurtries de cloques, mais le commandant du camp n'est jamais satisfait. Il n'a que le mot *schlecht* [1] ! à la bouche.

---

1. Mauvais !

Le 16 février, fête nationale de la Lituanie, nous avons convenu que personne d'entre nous ne travaillera. Nous ne nous rendons même pas au réfectoire. Tous les Lituaniens se déclarent malades. Ceux qui ont des dispositions de comédiens se roulent sur leur grabat et se tiennent le ventre à deux mains en gémissant. Les surveillants croient d'abord à un empoisonnement collectif, puis, à mesure qu'ils devinent le subterfuge, leur colère ne se contient plus. Les menaces les plus terrifiantes sont proférées à l'égard de ceux qui persisteront à feindre la maladie. On nous accorde dix minutes pour rejoindre nos postes respectifs sinon :

— Privation de nourriture, reconduits à Berlin pour la reconstruction et peut-être fusillés !

Ils grondent de colère, les Allemands. Vu les circonstances, un gaillard musclé qui est responsable de la baraque se lève et nous ordonne :

— Tout le monde dehors ! Au travail ! Puis il baisse le ton : À pas de tortue, sans vous fouler la rate !

Le ton est presque allemand, mais les paroles sont lituaniennes. L'effet est instantané : sous l'œil ébloui des gardes, la baraque se vide.

Je vois alors une des scènes les plus tonifiantes de tout mon internement. Deux de nos bons amis lituaniens, Tyla et Kleiza, marchent à pas comptés, au rythme d'une procession, en transportant sur l'épaule une mince planche de bois que je pourrais porter seul, et d'une main encore ! Pour ajouter à l'illusion d'un travail forcené, les deux compères sont légèrement courbés vers l'avant et soufflent à pleines narines. Les gardiens observent de loin mais, aussi curieux que cela puisse paraître, ne remarquent rien d'anormal au manège des porteurs. Et c'est ainsi que les Lituaniens fêtent le 16 février 1945.

Quinze jours se passent dans un calme plat qui ne pouvait pas s'éterniser, puis nous apprenons qu'un groupe de prisonniers ayant été choisis (nous ignorons leur nombre et dans quel but on les a sélectionnés), ceux-ci quitteront le camp demain pour une destination qu'on refuse, bien entendu, de nous divulguer. Je dis « nous » car ma famille est du nombre.

Nous transmettons la nouvelle aux plus anciens qui nous exhortent à fuir pendant qu'il en est encore temps. Si quelqu'un pense aux cobayes, personne n'ose le dire tout haut.

Je me regarde. Où aller ainsi vêtus ? Nos vêtements sont en lambeaux, nous n'avons pas de chaussures décentes, aucun moyen de nous cacher, rien à manger…

Mon père argumente, mais pas dans ce sens-là. On discute fort. Finalement tous se taisent. Chacun sait l'inutilité des paroles. Ici, on ne fait pas de sentiment. Entre nous, c'est démodé. Mais je sens que nous voici tous plongés dans une tristesse incroyable. Ce pénible silence est heureusement coupé par un cri familier qui retentit dehors :

— *Abladen* [1] *!*

---

1. Décharger !

On réclame des volontaires pour le camion. Je suis aussitôt envoyé en éclaireur. S'il s'agit de matériaux de construction, je suis sûr qu'il n'y aura pas beaucoup de volontaires. Par contre, si le camion apporte des vivres, tout le monde va se précipiter.

Je prends un air détaché et me rends jusqu'à l'arrière du véhicule afin de déterminer la nature de la cargaison.

Extraordinaire !

Le camion est plein de navets et d'oignons. En moins de temps qu'il faudrait à nos Italiens pour faire leur signe de croix, toute la baraque est dehors. Le déchargement se fait en un tournemain et nous avons, en moins de temps qu'il ne faut pour le dire, les poches bourrées d'oignons.

Plus tard, autour du poêle de la baraque, se dégagera un fumet enivrant. Dans une gamelle de fortune mijotent de succulents oignons. C'est notre dernière soirée au camp. Cette image et cette odeur resteront à jamais dans ma mémoire.

Les gardiens ont dû aller dormir. Il est impensable qu'un tel arôme ne les amène pas tout droit chez nous !

Un semblant de gaieté s'installe autour du poêle. Les figures sont illuminées par le rougeoiement du feu alors que nos tristes nippes s'imprègne du parfum des oignons qui cuisent.

Peu de chose suffit parfois pour reprendre goût à la vie.

*

— *Aufstehen !*

Il faut se lever ! Ceux d'entre nous qui ne partent pas nous reconduisent jusqu'au camion qui est déjà arrivé. Il est donc malaisé de savoir lesquels sont ou ne sont pas du voyage. Poignées de main, au revoir, bonne chance, on monte dans la boîte glacée que recouvre une capote grise. Le camion démarre. Nous faisons connaissance dans la pénombre. Il y a sur les banquettes de bois, outre Liudas, ma mère, mon père et moi, un officier polonais du nom de Lus Franciszek, prisonnier des Allemands depuis quatre ans ; Kvorek et Misera, deux autres Polonais, plus jeunes ceux-là ; deux Belges flamands dont je ne retiens pas les noms et un Tchèque qui se présente à nous sous le nom de Dvorek. Dans la cabine du camion, le chauffeur et une femme allemande, courte de taille, bottée, au regard chafouin et chargé de haine. C'est ainsi que je l'ai vue ; je voudrais me tromper.

Nous roulons quelque temps, puis le camion s'engage sur l'*autostrade*. Nous faisons une halte pour alimenter le gazogène en charbon de bois, car le véhicule ne fonctionne pas à l'essence. À l'heure du midi, le chauffeur arrête à un *tangstelle*[1] pour s'y restaurer avec sa compagne de voyage. Après avoir mangé, ils consentent à nous apporter quelques *butterbrot*[2], et de l'eau, et nous repartons de nouveau. Le paysage est

---

1. Station relais.
2. Sandwichs.

d'une monotonie déconcertante. Seuls quelques ponts et viaducs brisent parfois l'ennuyeuse uniformité des vastes espaces déserts. Ils portent diverses inscriptions, bien qu'on n'y voie âme qui vive, inscriptions que chacun s'efforce de traduire dans sa langue.

Totaler Krieg – Kürzester Krieg[1] lit-on sur un pont truffé de svastikas nazis, *Nichts für uns, alles für Deutschland*[2] ! sur les colonnes grises des viaducs.

À tout moment, nous devons nous arrêter, car des avions américains survolent l'autoroute. L'un d'eux s'avise de nous mitrailler. Il insiste ! Il faut descendre et nous glisser sous les roues du mastodonte. Les balles pleuvent sur le sol, tout près de nous. Pareilles aux petits glaçons de grêle, elles rebondissent avec vigueur, en ligne. Au moment où nous croyons l'avion parti et où nous nous apprêtons à quitter notre abri, le voici qui revient et que tout recommence. Le temps qu'il crache une autre salve, je prends appui tantôt sur un côté, tantôt sur l'autre, pour essayer de combattre ces impatiences qui m'agitent nerveusement. Sous la pression de mon corps, la neige a fondu. Maintenant, l'eau glacée a traversé mes vêtements. Je grelotte en plus.

Enfin, l'avion disparaît. A-t-il eu pitié de nous ou est-il à court de munitions ? Transis, les mains gourdes, et en claquant des dents, nous remontons dans le camion. Les joues et les

---

1. Guerre totale – Guerre plus courte.
2. Rien pour nous, tout pour l'Allemagne.

oreilles me brûlent et ce pincement m'est insupportable. Ah ! qu'il est loin le temps du jus de betterave !

Nous avons roulé tout le jour.

La nuit tombe, et nous roulons encore.

Une toux caverneuse contractée à Bugk et perdue à Bitterfeld me rattrape. Violente, rauque, convulsive même, je sais qu'elle empêche les autres de dormir. Une douleur me cloue à chaque respiration.

Misera a sans doute pitié de moi et des autres. Lui, le Polonais au nom prédestiné, a une idée : il sort un petit harmonica de sa poche et entreprend de jouer une ravissante mélodie polonaise. Ses deux compatriotes se mettent à chanter à l'unisson. La mélodie est obsédante, contagieuse. Bientôt tout le monde la fredonne. Et je me demande si, comme moi, chacun songe à ce dont il se souvient de plus beau, de plus doux dans sa vie. Un goût de miel dans la bouche, je ferme les yeux et m'abandonne à la dérive, bercé par cette bienfaisante mélopée dont jamais je n'oublierai les accents pathétiques.

Sans doute épuisé par la route, le chauffeur s'arrête un peu avant minuit devant une petite maison portant le nom de *Saale*. Il dormira à l'intérieur ; la femme aussi. Nous nous contenterons du camion. La « chambre à coucher » est réaménagée en conséquence. Après avoir repoussé les bancs et les sacs de combustible dans un coin, nous nous allongeons sur le plancher, collés les uns aux autres, pareils à des billes de bois. Un coryza tenace rougit mon nez qui fait mal. Ma toux reprend de plus belle, mais je ne suis plus seul à tousser cette fois. C'est peut-être moins gênant mais tout autant douloureux.

Le lendemain matin, nous rejoignons la ville de Bayreuth et nous quittons l'autoroute pour emprunter des chemins secondaires. Une épaisse couche de neige recouvre le sol. Le camion patine, ses roues glissent. Le chauffeur doit s'y prendre à plusieurs reprises pour monter les côtes qui se font de plus en plus nombreuses.

Pour tromper le temps Misera joue de l'harmonica et les autres sifflent. Nous roulons toute une journée et une nuit encore, nous arrêtant souvent pour attendre la fin des bombardements qui nous surprennent un peu partout en cours de route. Le voyage qui ne semble jamais devoir finir s'achève au petit matin à la sortie de Würzburg. Nous voici parvenus à destination. Notre royaume : un bâtiment de briques rouges niché au flanc d'une montagne, tout près d'un bois tranquille. C'est une écurie. Une délégation d'Allemands à l'œil torve nous accueille avec les avertissements d'usage. Les *Verboten, Arbeiten, Schnell* et autres mots de même calibre pleuvent dru mais ils ne nous touchent pas. Éreintés, nous ne voulons rien d'autre que nous étendre n'importe où et dormir.

L'écurie est grande. Un couloir sépare deux rangées de stalles. Les murs sont blanchis à la chaux et le sol est incliné vers une rigole, pour assurer l'écoulement des eaux. Rien ne manque, ni le fumier ni l'odeur. Sauf le manque de chevaux, c'est de l'authentique.

Ai-je entendu « schlafen » [1] ?

J'ai bien entendu. Ceux qui veulent dormir tout de suite trouveront du foin à l'extérieur.

Nous commençons d'abord par choisir nos stalles, après quoi chacun se charge de nettoyer son coin du fumier qui recouvre le sol. Comme outil de travail : nos mains ! Bienheureux les enrhumés – dont je suis – car au moins ils seront moins incommodés par l'odeur de l'urine et celle du crottin ! Nous préparons nos « litières ». En ce qui me concerne, je m'endors dans le foin, saoulé de fatigue, inconscient et heureux comme un poulain.

Au réveil on nous sert du café et des tartines de margarine. La distribution des tâches ne se fait pas attendre. Pendant que certains d'entre nous fabriqueront des lits avec les planches entassées près de l'écurie, d'autres commenceront à aménager dans ce qui était le grenier à foin un coin privé pour le grand patron des camps de travail, *Herr* Von Tirpitz, le fils du célèbre amiral allemand, en personne ! Le grand manitou de la *I. G. Farbenindustrie* n'y résidera pas en permanence, mais il lui arrivera parfois de nous rendre visite.

Je suis happé pour la tournée des scieurs de planches. Liudas et mon père sont assignés aux travaux du grenier à foin. Ma mère est encore envoyée comme aide à la cuisine. En plus, elle sera responsable des planchers.

---

1. Dormir.

L'assemblage des lits à étages se fait à l'intérieur, mais le sciage des planches s'effectue en plein air. Je marche comme un automate et je scie péniblement. À chaque effort une quinte de toux me plie en deux. Je suis constamment épuisé, éreinté, à bout de forces. Je me déplace en dormant, je travaille en dormant, je mange en dormant. Une lassitude extrême m'habite. La nuit venue, je m'écroule sur la paillasse de ma nouvelle prison. La couche de foin est mince et je sens à travers elle la dureté des planches. Le sommeil ne vient pas. Tout le monde ronfle déjà et je n'ai pas encore fermé l'œil. Cette attente dévorante, interminable, se déploie dans un flot de méditations tristes, lentes et sans fin. Les ronflements humides et bruyants qui résonnent dans l'écurie m'empêchent de sombrer dans le néant de choses. Dehors, il neige toujours... Il neige à plein ciel sur ma captivité. Je ne m'endormirai qu'à l'aube.

Le lendemain, l'affreuse cuisinière bottée – qui est maintenant assistée d'une deuxième Allemande – me nomme officiellement responsable du combustible nécessaire à la cuisine et au chauffage de l'écurie. J'hérite d'une lourde hache, d'un chevalet et d'une scie. En somme, j'ai peu changé de fonctions. Je scie toujours en plein air. À tout moment une des deux femmes vient inspecter mon travail en vitupérant, à cause de ma lenteur, à cause de la longueur des bûches, à cause de la façon que j'ai de les empiler et à cause de je ne sais quoi encore. Lorsqu'elles sont trop mécontentes de mon travail, ce qui arrive plus souvent qu'à mon tour, je suis privé de manger, c'est-à-dire qu'on me retire ma ration de pommes de terre et mon carré de margarine. Personne ne peut rien contre la haine qui anime ces deux femmes. Quand on tente de me passer clandestinement une tranche de pain à table, on me retire le droit de m'asseoir avec les autres. Je n'aurai pas le dessus. Si je ne veux pas mourir de faim, il faut que je trouve une solution. Je commence donc à lorgner du côté du poulailler, tout près de notre écurie. Le jour, les poules circulent à l'air libre. Un vieux bonhomme qui habite à proximité visite l'abri de ses volailles chaque matin pour en recueillir la ponte. Je le vois sortir régulièrement du poulailler, l'air réjoui et le panier d'œufs à son bras. Des pensées s'agitent dans ma tête et prennent forme. Je n'ai aucun scrupule. Quand on a faim, le vol est sûrement permis. Sans compter que les poules pondront encore demain et les jours suivants. Je ne les prive de rien! C'est ce que je me dis en dévissant une charnière de la porte du poulailler. Les poules, qui ne reconnaissent plus leur maître, s'effarouchent. « Vous en faites pas, mes poulettes, l'amateur d'omelettes sera quand même au rendez-vous! Je le devance, c'est tout! » J'ai trouvé quelqu'un à qui parler qui ne réplique pas. Les poules que je déjuche gloussent, piaulent, caquettent dans un bruit de crécelle. Elles courent dans tous les sens. Je me dépêche de prendre les œufs avant que les folles n'aient alerté tout le quartier. J'en gobe deux sur place. Quel délice! J'enfouis les coquilles dans ma poche et je me sauve en prenant bien soin de replacer vis, charnière et cadenas à leur place. Quand arrive l'aviculteur, j'observe d'un œil distrait en coupant mon bois. Il ne semble pas se douter que je l'ai précédé dans le poulailler, et je le vois qui repart peu après, son petit panier sous le bras, convaincu d'être, en ces temps difficiles, le plus favorisé des hommes.

Je réitère ma visite aux poules tous les deux ou trois jours, si bien que maintenant elles sont habituées à nous voir tous les deux, le grand-père avec son petit panier et moi avec mes mains lestes.

*

Le grand Von Tirpitz vient d'arriver.

Nous passons à l'inspection. Tous les grabats sont remués, inventoriés, secoués, éventrés, flairés. J'ignore si c'est pour trouver des armes, des vivres ou des poux – les trois phobies des Allemands. Les inspecteurs ne trouvent rien, mais ils croient de bon ton d'afficher quand même une mine furieuse, comme s'ils voulaient que nous nous sentions coupables de quelque méfait. Ils sont bizarres, nos Allemands !

Autre chose qui ne va pas tout seul ! Mon frère Liudas a été chargé de chauffer les appartements de Von Tirpitz. Comme il n'a jamais allumé un poêle de sa vie, la pièce est vite remplie de fumée. Von Tirpitz tousse et crache. Il est furieux. Au point qu'il enverra illico mon frère à Berlin s'il rate son feu demain. Liudas avait peut-être besoin qu'on le terrorise ! Le lendemain, au grand soulagement de tous, il réussit son feu.

En fait, je pense que nous sommes tous forcés de devenir experts en tout sans passer par l'apprentissage. Quant à moi, je suis devenu en un rien de temps bon bûcheron et habile détrousseur de poules. Je suis assez fier de moi. Ma besogne principale est sans contredit le bois que je fends en quartiers après avoir scié les bûches. Le tas grossit à vue d'œil. Il arrive même que je puisse trouver quelques minutes de répit pour souffler. Je n'ai qu'à prendre garde de ne pas trop perdre mon avance dans l'empilage des quartiers de bois et des éclisses. Histoire de m'amuser un peu, je scie une mince rondelle du rondin que j'ai sous la main. Cela me fait comme une grande assiette de bois que je lance en l'air avec vigueur. Mon projectile a la grâce d'un oiseau. Il fait un superbe vol plané, décrit un demi-cercle et s'abat sur le sol. Je cours le ramasser, persuadé d'avoir découvert enfin le secret des boomerangs. Je le lance encore, en y mettant plus de fantaisie, plus haut et avec plus de force, histoire de voir ce que cela donnera. Je suis la courbe gracieuse de la trajectoire qui prend malheureusement une direction imprévue : celle de l'écurie. Je me soucie peu de l'atterrissage, les fenêtres étant rares sur la façade. La torpille volante vient d'en éviter une de justesse. Mais c'est à ce moment que s'ouvre la porte et que je vois paraître Von Tirpitz, racé, autoritaire, la tête haute comme d'habitude. Il n'a pas fait deux pas que la folle rondelle lui rase le nez (qu'il a d'ailleurs un peu trop long et pointu). Le tout se passe comme l'éclair. Par un réflexe de bon militaire, Von Tirpitz s'accroupit aussitôt et recule prestement dans l'écurie dont il claque la porte.

Je n'ai rien de mieux à faire que de feindre l'innocence et me remettre à la besogne, mais en surveillant du coin de l'œil et en tendant l'oreille. Je n'entends d'abord, venant de l'écurie, que bruit d'objets bousculés, pas agités et éclats de voix. Par la fenêtre, je vois la tête des deux Allemandes, puis celle de ma victime. Comme je suis seul dehors, il est évident que les soupçons se porteront sur moi, d'autant que je viens de ramasser mon « arme » qui a failli estropier une des plus imposantes personnalités qui aient jamais foulé le seuil de cette écurie ! Et patati et patata...

Je devine aisément ce qui va suivre. L'homme charge ses deux adjointes bottées de me donner la correction que je mérite. Sachant les deux personnes d'humeur furieuse en ce qui concerne le petit Aloyzous (c'est le prénom que les Allemands m'ont donné), il doit se dire que son honneur sera fort bien vengé.

J'imagine à l'avance la violence des gifles, les brûlures sur ma peau, l'effort que je devrai faire pour ne pas pleurer, la honte d'être giflé devant les autres prisonniers, l'indignation d'être le plus faible, la fierté de ne pas répliquer. Pour tout dire, le mépris.

Tout se passe tel que prévu. Happé par un tourbillon de claques et d'injures, je résiste aux coups. Les deux matrones continuent à me frapper avec leurs mains, avec leurs pieds. Je tremble de tout mon être. Un voile pourpre s'étend devant mes yeux. Leurs coups sont véhéments, monstrueux, démentiels. Je m'écroule pantelant, avec un goût âcre de mort dans la bouche. En moi s'installe brutalement la hideuse certitude de ma fin. Mourir maintenant, sur le ciment de l'écurie, pour ne plus avoir à vivre ainsi. Tout abdiquer, pour ne plus rien avoir à perdre, pour ne plus être l'objet de railleries, ne plus avoir faim, ne plus avoir soif, ne plus avoir mal, ne plus jamais avoir peur, ne plus...

À partir de là, le fil du souvenir est coupé de ma mémoire.

Je me réveille en pleine nuit. Je ne sais depuis quand je suis sur mon grabat. Je sens mon visage tuméfié, mon corps meurtri d'ecchymoses ; mon cœur, gros de regrets, gronde de colère.

Chaque nuit, par la suite, il m'arrive de rêver que j'assomme mes deux assaillantes avec ma rondelle de bois, que je les étrangle ou que je les embroche avec une tige de fer.

Durant des jours et des jours je flotte dans un état léthargique qui anesthésie ma volonté. Le regard des deux femmes suscite en moi autant d'écœurement qu'une purge. Je ne puis supporter la jubilation qu'elles exhibent.

Petit à petit, malgré tout, la vie afflue de nouveau dans mes veines. Un matin, je ramasse dans la cour un papier rédigé en allemand qui annonce, pour dans trois jours, des bombardements intensifs sur Würzburg. On exhorte la population à se réfugier hors de la ville. Les

Allemands à qui je montre le mystérieux message rient à gorge déployée. La ville en est remplie, paraît-il.

— Propagande ennemie, se contentent-ils de dire en haussant les épaules.

Pourtant, c'est trois jours plus tard[1] que nous sommes réveillés en sursaut par une alerte. Bientôt, le bruit familier des bombardiers remplit l'écurie. Ce soir-là, le ronronnement est très différent. Les avions s'approchent. Ils volent bas. Le grondement est infernal. Nos gardiens sortent de leur cagibi. Quant aux deux Allemandes, leur peur fait plaisir à voir. Bientôt, sans souci du règlement, nous nous retrouvons tous dans la cour.

Il fait aussi clair qu'en plein jour.

— Les aviateurs ont accroché les lampes, dit le vieil officier polonais. C'est qu'il va y avoir un ratissage en règle.

À peine a-t-il le temps d'achever sa phrase que les premières bombes sifflent et éclatent dans un fracas monstrueux. L'écurie renferme une petite cave où nous nous engouffrons tous pêle-mêle.

Le goût âcre de ma peur revient. Elle me martèle les tempes. Ma langue colle au palais. À ma peur se mêle un sentiment d'impuissance si grande que j'en ressens comme un vertige. Ce serait quand même bête de mourir par les bombes de ceux qui ne nous veulent justement rien de mal !

---

1. 16 mars 1945.

Les sifflements des bombes se font plus stridents. Comme un monstrueux roulement de tambour qui s'enfle, les explosions se rapprochent. Les murs tremblent, les carreaux de la cave volent en éclats. Alors, Misera sort son harmonica et se met à jouer notre air favori. Nous ne chantons pas, nous crions la chanson à tue-tête comme pour enterrer le bruit des bombes et comme pour vaincre, dans un ultime effort, l'horrible peur de la mort qui nous tenaille. Nous reprenons le refrain dix fois, cent fois peut-être. Soudain le calme revient. En même temps que cesse le bruit des explosions et que s'éloigne le vrombissement des avions, une épaisse fumée remplit notre abri.

— Il y a le feu, tout près! crie une voix. Ne croupissons pas ici!

Nous sortons aussitôt pour constater qu'une partie du toit de notre bâtisse est endommagée et qu'un incendie a éclaté à quelques maisons de l'écurie. Plus bas, la ville de Würzburg ressemble à une torche. Des flammes rouges, gigantesques, terrifiantes, surgissent de partout et une fumée noire, visqueuse, recouvre le ciel. On sent partout une odeur de mort.

Des hommes affolés accourent pour demander du secours. C'est curieux, une guerre : un jour on est le plus fort et le lendemain on crie à l'aide. Ce qu'on nous demande, c'est de dégager un cheval d'un garage qui flambe. Pour y arriver il nous faut d'abord sortir une automobile en flammes. Nous y parvenons, non sans peine, à la grande satisfaction, je suppose, du cheval et de son propriétaire, mais nous rentrons aussitôt à l'écurie car les bombes à retardement éclatent sournoisement aux endroits les plus inattendus.

Éclairé par l'intérieur, le château de Würzburg a quelque chose d'hallucinant. Un incendie y fait rage. Une tour du château qui domine la colline en face de nous se gonfle comme un ballon, se déchire par grandes lézardes verticales, puis s'écroule sur elle-même.

Nous passons la nuit debout à voir fuir les rescapés blessés qui gémissent. Plusieurs d'entre eux demandent refuge à l'écurie. On aura tout vu! Voilà les geôliers qui jalousent presque le sort des forçats!

Dès le lever du jour la panique générale s'est installée. Il ne saurait être question de travail. La surveillance est relâchée et les règlements sont abolis par la force des choses. Mon frère et moi en profitons pour descendre jusqu'à la ville. Chemin faisant, nous croisons des centaines de gens qui tirent des voiturettes chargées de bagages. C'est l'exode. Des rues entières sont bloquées par des ruines fumantes. Par-ci, par-là, quelques volontaires tentent de déblayer les décombres pour ouvrir des passages. Tout près de nous, dans des tourbillons de poussière, des façades s'effondrent. Pierres et blocs de ciment glissent et roulent dans des fracas effroyables. Des corps calcinés, tordus, jonchent le sol. Partout des morts décapités, mutilés, écrasés, couverts de sang et de poussière. C'est une vision d'épouvante qui s'offre à nous. Une petite femme sans âge traîne sur une civière improvisée le cadavre d'un enfant brûlé.

La pitié, la peur et la nausée me soulèvent le cœur. Impossible d'aller plus loin. La fumée brûle nos yeux et nous empêche de respirer. Nous faisons halte dans une église dont le toit s'est effondré. L'autel flambe. Les pompiers sont aussi rares pour la maison du Bon Dieu que pour les autres. C'est la destruction achevée, l'anéantissement total.

Une organisation de secours, la NSV, s'est installée dans une école, une des rares bâtisses restées intactes, et distribue gratuitement des vivres à la population hagarde. Liudas et moi parvenons à nous fondre dans la foule. Nous buvons sur place une série de gobelets de lait en prenant bien soin de ne parler que l'allemand entre nous. Pour une fois, nos vêtements ne trahissent plus notre identité. Nous ne sommes pas les seuls à être à demi vêtus, pieds nus même. Repus et heureux de n'avoir pas été découverts, nous repartons. Sur le chemin du retour nous passons près d'une laiterie. Le magasin est démoli, le hangar brûlé. Il n'y a personne dans le voisinage. Nous escaladons les ruines dans l'espoir d'y découvrir un trésor. Liudas fouille les cendres du bout de son pied.

— Viens voir ! crie-t-il. J'ai trouvé des œufs !

Ils sont là, par milliers, cuits dans la cendre. Il suffit de les ramasser. Nous sommes fous de joie.

— Faisons vite ! dit mon frère en boutonnant sa veste.

Je l'imite.

Les pans de la veste glissés dans le pantalon, nous empilons dans cette poche improvisée tous les œufs que nous pouvons prendre.

L'opération terminée, et les mains noircies de cendre, nous repartons d'un pas alerte, gonflés comme deux femmes enceintes. Nous arriverons à destination sans éveiller l'attention des Allemands, en passant par un vaste champ situé derrière les maisons et qui débouche sur l'endroit où j'empile mes bûches. Nous franchissons les derniers pas en rampant dans l'herbe. L'avance est difficile car il faut prendre soin de ne pas écraser les œufs. Nous dissimulons ensuite notre butin et courons vite prévenir nos compagnons. Le problème est d'envergure. Comment entrer les œufs à l'intérieur sans nous faire remarquer par les surveillants ? Car un second obstacle reste à franchir : les deux Allemandes qui sont toujours de faction à l'entrée de l'écurie. C'est un brave nommé Lus Franciszek qui trouve finalement la solution idéale pour l'entrée clandestine du ravitaillement. Aussi, quelques secondes plus tard, mus par un inexplicable et simultané souci de propreté, plusieurs hommes sortent avec leur couverture sous le bras.

— Où allez-vous ? demandent les Allemandes.

— Secouer nos couvertures !

On les laisse passer. On les félicite même.

— Très bien !

Une fois dehors, c'est un jeu d'enfant. Les couvertures claquent au vent – pour la forme – puis elles sont étendues négligemment dans l'herbe quelques secondes, juste le temps qu'il faut pour ramasser les œufs. Et voilà, le tour est joué. Il ne reste plus qu'à les manger en cachette. Ils sont durs et ont une forte odeur de fumée. Mais au point où nous en sommes dans les odeurs et les parfums…

Liudas et moi sommes congratulés par les prisonniers comme il convient, d'autant plus que depuis le bombardement on ne nous sert plus qu'un repas par jour.

Reste à régler un dernier problème. Un problème majeur.

Les œufs n'existent plus, d'accord, mais que fait-on maintenant des coquilles ? Il est convenu que nous les dissimulerons dans le poêle de l'allée centrale de l'écurie. Tout va bien. Il ne nous reste plus qu'à récidiver.

Après deux autres expéditions du même genre dans les décombres de la laiterie, le poêle est engorgé. Les Allemandes, décidées à savoir pourquoi il ne tire plus, découvrent le pot aux roses. L'interrogatoire qui suit n'apporte pas d'explication plausible. Chacun prend l'air étonné comme s'il se trouvait en face d'un miracle. Mais l'incident nous vaudra une clôture de fils barbelés autour de la propriété et, bien entendu, l'interdiction formelle de sortir de l'enclos !

La tentation est quand même trop grande pour que j'y résiste, d'autant que les repas ne se sont pas améliorés. Je me glisse à plat ventre sous l'horrible clôture et m'échappe vers le champ qui conduit à la ville. Le lait qu'on y distribue est tellement bon. Je m'enhardis et ne me contente plus de consommer sur place.

— Je viens de la part d'un groupe de personnes blessées qui sont dans la montagne, dis-je, dans la langue d'Hitler et en empruntant l'accent berlinois.

Je prends soin de prononcer plusieurs fois *iqué* au lieu de *ich* [1] pour bien faire sentir que je ne suis pas de la ville. Les garçons de ma trempe sont admirés, félicités pour leur dévouement. Ils ont priorité sur les adultes qui font la queue. On me prie de passer devant. Je ne me fais pas prier : j'entre dans l'école.

— *Heil Hitler!* me lancent les soldats chargés de couper le pain.

Ce n'est pas le temps de faire la forte tête. J'étends le bras.

— *Heil Hitler!*

Je sors, les bras chargés de sandwichs. Bravo les gars, *Heil Hitler!* Comptez sur moi, je reviendrai! Je fais l'aller-retour au pas de course. Deux jours plus tard, je me présente de nouveau au centre de ravitaillement.

— Tes amis étaient contents?

Je dis oui. Vous devriez voir la tête qu'ils faisaient, *et caetera.* J'en mets et j'en rajoute.

Les rangs s'entrouvrent ; on me laisse de nouveau monter à l'étage. Les classes sont toutes occupées par des soldats allemands qui distribuent les vivres à la foule affamée.

Au moment où je m'apprête à entrer dans une salle, une femme me reconnaît. Elle pointe son doigt vers moi en hurlant :

— Pas pour lui! Pas pour lui! Attrapez-le, c'est un *ausländer!*

---

1. Je.

Je la vois qui s'élance à ma poursuite en compagnie d'autres personnes. Comme si j'avais le diable à mes trousses, je bondis, telle une bête vers le fond du couloir, sachant que la foule alertée ne me laissera jamais sortir par la porte. Les poursuivants sont gênés par la file de gens qui ne veulent pas perdre leur place et cela me donne une certaine avance sur eux. Partout où je passe, les classes sont remplies de soldats. J'ai tout à coup l'impression d'être perdu. Le corridor où je m'élance tourne à droite. J'espère déboucher sur une porte de sortie. Malheureusement c'est un mur qui est au bout du corridor.

Attiré par les cris de la femme et les pas pressés de ceux qui me pourchassent, un énorme soldat surgit d'une classe où il tranche le pain. Je le sais, parce que les pains sont là et qu'il a à la main l'immense couteau qui lui sert à le couper. C'est fini. Il n'a plus qu'à me l'enfoncer dans la poitrine. J'ai soudain les jambes comme de la laine. J'entends la femme qui arrive à l'angle du corridor. Dans une seconde elle apparaîtra, et les autres à sa suite. J'ai la nette certitude que ma vie cessera d'un moment à l'autre. Un étranger ne vole pas impunément le pain des Allemands affamés ! Je suis tout à coup persuadé que je vais voir, sentir et entendre le monde pour la toute dernière fois.

Le soldat m'empoigne par le cou et m'entraîne dans la classe. Mes mains sont moites. La peur suinte par tous mes pores. Quand il me fait signe de me cacher derrière lui, je n'hésite pas. Entre deux maux, lequel choisir ? Je n'ai même pas le temps de me former une opinion, de décider quoi que ce soit. La femme est là. Lui s'est planté tout droit, tel un piquet ; il lui fait face.

— Où est-il ? questionne la femme rageusement.

J'imagine qu'il va s'écarter. Je me fais tout petit, ramassé sur moi-même.

— Peut-être dans la classe d'en face ?

Je me suis peut-être trompé sur son compte. Tandis que la femme tourne les talons pour aller frapper de l'autre côté du corridor, mon gros soldat referme avec violence la porte de la classe. Je reste seul avec lui. Je ne suis pas encore rassuré. Il a encore son long couteau à la main. Il n'y a pas de témoins. L'a-t-il fait exprès pour m'étriper tout seul ?

Il se retourne et, sans dire un mot, le gros soldat m'indique la fenêtre. Je ne savais vraiment pas que des yeux pouvaient être à ce point éloquents. Je comprends tout de suite le langage des siens et je cours ouvrir la fenêtre, puis je saute ! Le plongeon du premier est vertigineux, mais beaucoup moins effrayant que le sort auquel je viens d'échapper. J'atterris heureusement dans un buisson. De toute façon, la réalité la plus extravagante est moins inquiétante que l'imagination. Et cette dernière aventure me prouve une fois de plus que l'habit ne fait pas le moine. Celui-là qui vient de me sauver porte le même uniforme que tous les autres qui me font souffrir...

Dans ma chute, je me foule un pied et les épines des arbustes m'infligent de nombreuses égratignures. Le sang perle irrégulièrement de mes griffures. Mais je suis libre ! Par bonheur, cette fenêtre donne dans la cour de l'école et personne ne m'a vu. Je me sauve en traînant un pied qui me fait horriblement mal. Les sirènes se mettent à hurler lorsque j'atteins le champ. C'est l'alerte. Je ne crois pas avoir le temps d'atteindre l'écurie. Ne sachant où me réfugier avant l'arrivée des avions, je décide de grimper jusqu'à une petite chapelle accrochée tout en haut de la montagne. Je monte aussi vite que je le peux en traînant mon pied endolori, mais les avions sont plus rapides que moi. Ils débouchent nombreux tels des éclairs au-dessus de ma tête. Certains d'entre eux se détachent de la formation et piquent du nez. Je me blottis contre un arbre. Ils volent maintenant au-dessus du bois. De leurs petits canons plantés sur les ailes fusent des bandes blanches, rapides comme des éclairs. Les balles sifflent, rageuses, bruyantes, écorchant les arbres, blessant la terre. Satisfaits de cet arrosage, les avions repartent puis d'autres viennent mitrailler à leur tour. Je profite d'une accalmie pour me traîner jusqu'à la petite chapelle. Un vieux prêtre m'y accueille. Il est en chasuble et porte un casque militaire. Au même moment le ciel se remplit d'énormes bombardiers. Je les regarde voler dans un ordre parfait. Ils perdent un peu d'altitude. Il va encore pleuvoir sur Würzburg. Le prêtre me fait signe d'entrer. Au moment où nous refermons la porte, les premières bombes explosent dans la ville. Le prêtre s'agenouille pour prier. Je l'imite. Le sol tremble sous mes genoux, les murs vacillent. C'est alors que je remarque la présence, dans l'allée centrale, d'un grand cercueil qui vibre sous le choc des explosions. Une pensée absurde traverse mon esprit. « La mort attire la mort », me dis-je, terrifié par cette scène macabre. Je n'en peux plus. Je ne peux supporter plus longtemps la vue de ce cercueil. En un rien de temps, je me retrouve dans un trou sous les marches du parvis de la petite église. Würzburg est littéralement balayé par les bombes. Une fumée opaque, verte, recouvre la ville. Je n'en peux plus! Je n'en peux plus! Il faut que je rejoigne les miens! Je sors de mon trou et cours en direction du champ. Je ne suis pas seul. D'autres aussi se sauvent à toutes jambes.

Les avions nous survolent. Des bombardiers qui larguent leurs munitions. Ils tourbillonnent en descendant sur le champ. Je m'écrase aussitôt à plat ventre en ramenant mes bras sur la tête. Secouée par les explosions, la terre tangue. Qu'avait donc dit Lus?

« Si jamais vous êtes surpris par un bombardement, sautez dans un trou creusé par une bombe. C'est le meilleur abri que vous puissiez trouver: deux bombes ne tombent jamais exactement au même endroit. »

Je repère un trou et cours à toutes jambes pour y plonger. Un peu plus bas sur la colline, tout près de l'unique arbre du champ, un homme fait exactement la même chose. Je le vois courir, puis disparaître dans un trou, les pieds en premier. J'atteins tout juste mon nouvel abri lorsque d'autres avions rappliquent. Mon trou est encore tout chaud. Je me blottis dans le fond en respirant l'odeur âcre de la terre cuite par l'explosion. Des bruits fracassants, étourdissants, démentiels éclatent aussitôt. Puis un long sifflement qui précède les éclats des bombes. À chaque explosion, une couche de terre vient s'abattre sur mon dos. Une pression colossale et invisible, tel un souffle monstrueux venu des ténèbres, semble vouloir me pousser plus loin dans la terre à chaque détonation. Cette affreuse compression m'aplatit douloureusement au fond de ma fosse. Si j'ouvre la bouche pour soulager mes tympans, elle se remplit de terre. Je crache avec vigueur pour dégager ma gorge. Et à travers ce magma qui m'étouffe, je crie de toutes mes forces des mots inintelligibles. Je crie à la fois de peur, de colère et de douleur. Je hurle comme un écorché vif, je sens que je deviens fou d'épouvante. Ah! que mes cris parviennent jusqu'à Dieu! Sinon jusqu'aux avions qui me terrorisent!

Voici que tout se tait. Ma supplique a été entendue. Les explosions cessent. Lentement, les avions s'éloignent. Le bruit des moteurs est couvert par le grondement de mon cœur.

Je sors de mon trou. Ma première réaction est de regarder vers l'écurie. Elle est encore debout. Je jette un coup d'œil ensuite vers l'endroit où était l'arbre, le trou où s'était abrité l'inconnu. Je ne vois que deux autres trous, comme le premier sans doute qui n'y est plus et sur lequel, pareil à un bouquet de fleurs sur une tombe, l'arbre s'est couché.

De nombreux soldats blessés sortent du bois et courent dans toutes les directions. Je me presse d'arriver à l'écurie car j'ai l'impression qu'il doit être plus aisé malgré tout – surtout quand on ne peut pas choisir – de mourir avec les autres. Notre bâtisse est sérieusement endommagée. Des blessures béantes et noires ont crevé les murs. Les bombes ont labouré la cour. Il ne reste plus rien de ma pile de bois, et toutes les poules de l'aviculteur sont mortes, aplaties comme des crêpes par la pression d'air que les bombes ont dégagée en explosant.

Je ne reconnais plus rien des alentours. Il n'y a plus âme qui vive. J'entre précipitamment et crie. Des voix sourdes, étouffées parviennent de la cave. Ils sont là ! Ils sont vivants ! Je descends les rejoindre. Deux soldats allemands arrivent quelques instants après. L'un d'eux supporte de la main gauche son bras droit presque arraché. Le sang coule à flots de son épouvantable blessure. Il geint, tordu par la douleur. Le second, qui est en réalité un militaire d'un bataillon hongrois, a une grenade passée dans sa ceinture. Nous protestons avec véhémence en le priant de se débarrasser de son explosif s'il veut bénéficier de notre hospitalité. Il refuse. C'est sa dernière arme et il y tient comme à la prunelle de ses yeux. Devant son refus, les plus forts d'entre nous l'empoignent et le sortent de force. Il n'y a plus un Allemand dans l'écurie et personne pour le protéger. Il y a bien son compagnon mutilé, mais il est inutile.

— Je vous ferai tous sauter ! hurle l'évincé.

Misera et Kvorek ont réponse à tout.

— Pauvre type ! Si tu dégoupilles, tu n'auras plus rien pour te défendre quand on viendra te pendre !

De la cave, nous attendons, anxieux de savoir si l'indésirable visiteur va lancer sa grenade. Sans doute a-t-il pitié de son camarade resté avec nous, car rien de fâcheux ne se produit.

Le grondement menaçant des bombardiers reprend de nouveau. Il s'amplifie même. Le bruit des moteurs est si fort qu'on ne s'entend plus parler. Les avions recommencent à lancer la foudre sur la ville.

Une lueur éclate, puis une autre. Soudain la cave est obscurcie. Un immense tas de terre s'écrase sur la minuscule fenêtre. Nous sommes tous recouverts d'une lourde couche moite. Je retrouve l'effroyable et doucereuse certitude de ma mort. Dans le tumulte et la noirceur, mes muscles sont figés ; j'ai les bras collés autour de la tête. Mes mâchoires sont serrées. Je ferme mes paupières en faisant un effort pour faire le vide dans ma tête, pour arrêter le flot vertigineux de la pensée.

— Il faut sortir d'ici ! ordonne Lus.

Sa voix me redonne courage. Je me remets aussitôt à palper autour de moi. Ma main maladroite frôle le bras sanglant du soldat qui geint, puis je touche aux murs comme ferait une main d'aveugle. Au bout d'un moment, je développe une voyance tactile. Comme des bêtes qui creusent leur terrier de leurs pattes de devant, nous fouillons la terre à deux mains.

— Plus vite, on étouffe là-dedans ! se lamente quelqu'un en polonais.

Je ne reconnais même pas à qui des trois hommes appartient la voix. J'ignore le temps que nous mettons à atteindre l'ouverture, mais je sais que nous luttons sans arrêt en appelant le miracle.

Enfin la lumière filtre du dehors. Nous avons réussi. Nous nous extirpons de notre commune tombe, terrorisés par la peur, épuisés de cette lutte menée contre la terre. Mes compagnons ont véritablement des visages de déterrés. Sans doute que je leur ressemble. Ils sont noirs comme de l'encre et leurs yeux sont creusés par l'effroi.

QUATRIÈME PARTIE

3 avril 1945.

Cinq heures trente du matin.

Une fusillade éclate tout près de notre écurie en ruines. Personne n'ose sortir. Je grimpe jusqu'à la fenêtre dont la vue donne sur l'entrée de la ville. Quelques soldats allemands courent dans la rue. Je scrute l'horizon sans rien voir d'anormal mais mon regard est tout à coup attiré au loin par une longue file de véhicules immobilisés sur la route. À cause de la distance, il ne m'est pas possible de distinguer l'uniforme des soldats qui courent en tous sens. Les véhicules me paraissent de forme inconnue. Sur chaque porte de camion, je distingue ce qui me semble être une étoile blanche. On dirait que les capots des camions sont recouverts de toiles rouge vermillon.

L'étoile… le drapeau rouge… Voilà que ça recommence ! Je redescends de mon perchoir pour consulter Lus qui sait tout.

— Ce sont les Russes, dis-je. J'en suis certain. J'ai vu les drapeaux rouges et les étoiles sur les camions !

Il esquisse un sourire tranquille. Comme je voudrais le croire! Pourtant, je ne suis pas aveugle!

— Sur ce front-ci, dit Lus, ce sont les Anglais ou les Américains qui doivent déboucher. Nous sommes à l'ouest! Remonte là-haut et tiens-nous au courant!

Je me hisse à mon poste d'observation pour constater que Lus a raison. Des lettres que je peux maintenant lire sont inscrites, en blanc, sous les étoiles. Des lettres en caractères latins. Je lis distinctement USA. De plus, nulle part je ne vois la faucille et le marteau des Soviets. Il n'y a plus de doute, ces soldats sont américains, à moins qu'ils ne soient anglais. J'opte pour les Anglais. Je ne sais pas pourquoi. Peut-être parce que les premiers prisonniers que j'ai vus en Allemagne et qui étaient gentils étaient anglais... Ma joie est intense. Je peux à peine la contenir. J'attends encore quelques secondes afin de m'assurer que l'avance de nos amis est certaine, puis je crie en allemand afin d'être compris de tous:

— *Die Engländer! Die Engländer*[1]*!*

Tout le monde a compris. Même les deux Allemandes qui, depuis les derniers bombardements, dorment à la cuisine. Les deux mégères accourent. Elles ont les mâchoires crispées et les narines palpitantes. Une espèce de lèpre intérieure les mine. Elles trouvent mon audace excessive.

— Jamais l'Allemagne ne perdra la guerre! hurlent-elles à l'unisson. *Niemals! Niemals*[2]*!*

---

1. Les Anglais!
2. Jamais!

J'espère qu'elles mentent, mais en attendant je n'ai pas d'autre éventualité que de descendre de mon perchoir, car les ogresses tirent de toutes leurs forces sur mes jambes. Une de mes chevilles est encore enflée à la suite de mon saut périlleux. Je résiste de toutes mes forces à la douloureuse emprise, juste le temps de voir déboucher de la petite rue Schöllhammerweg, à quelques pas de l'écurie, deux magnifiques soldats, arme au poing ; puis, ne pouvant plus tenir, je me laisse glisser le long du mur et je tombe aux pieds des deux femmes qui ont je ne sais quoi de monstrueux, d'irréel. Elles m'administrent une série de gifles, plus pour assouvir leur peur que pour me punir. Personne n'ose s'interposer. On doit penser que j'ai perdu la raison. Annoncer l'arrivée des Anglais aux Allemands, quelle idée ! Pourtant je sais que je n'ai pas rêvé, je les ai vus, juste en bas ; ils débouchaient sur la petite côte. Dans les stalles, les fenêtres sont trop hautes pour voir à l'extérieur sans grimper dessus comme j'ai fait. La seule fenêtre à hauteur d'homme se trouve à l'entrée de l'écurie, dans la cuisine accaparée par les deux Allemandes, et nul n'y a accès en dehors des heures des repas. À demi éveillé, le groupe des prisonniers stagne dans l'incertitude. Je ne comprends plus rien. Je retourne dans ma stalle pour égrener mon chapelet d'angoisses et de doutes. Ma gorge est comme du papier de verre.

Des coups de fusil, des balles qui sifflent et puis ça y est, on frappe très fort à la porte de l'écurie. Nous nous retrouvons d'un bond dans l'allée centrale, pendant que les mégères font sauter le verrou pour laisser entrer deux militaires, fusil pointé en notre direction.

Ils ne font pas de bruit, en marchant. L'uniforme qu'ils portent est d'un vert que je n'ai encore jamais vu. Ils ont des casques aussi mais la forme n'est pas celle des casques anglais. Au cou, ils ont un foulard de soie multicolore. Sur leur écusson cousu sur la manche, il me semble déchiffrer la lettre A brodée d'un fil brillant. Je regarde leurs souliers. Leurs semelles sont caoutchoutées. C'est ce qui fait qu'ils se déplacent sans bruit ou presque. Comme s'ils étaient en pantoufles! Quelle différence avec les bottes cloutées!

— Nous sommes Américains! dit l'un des deux dans un allemand parfait.

Son compagnon regarde autour de lui avec cet ébahissement des gens riches qui débarquent dans un lieu indigent, délabré.

— Personne ne doit sortir d'ici jusqu'à nouvel ordre, poursuit le militaire. Avez-vous des armes ou des couteaux?

La question s'adresse à d'autres qu'à nous. Dociles, les deux Allemandes remettent aux soldats tout ce qu'elles ont pour attaquer, pour se défendre et, il faut bien le dire, pour couper notre pain.

— Pas autre chose? Rien du tout?

Satisfaits de la réponse qu'on leur donne, les soldats repartent en refermant la porte derrière eux.

Nous restons groupés, bouche bée, littéralement paralysés. Cette consternation dure quelques secondes, le temps de réaliser que nous venons d'être libérés. Soudain, des cris éclatent qui percent les oreilles. C'est à la fois un gémissement, un hurlement, une véritable tempête de cris qui secouent tout notre groupe. Je m'époumone comme les autres. Les clameurs ont pour effet de faire revenir les deux Américains qui n'avaient peut-être pas réalisé ce que signifiait pour nous la visite qu'ils nous ont faite dans notre prison.

Ils nous sourient amicalement maintenant. Nous serrons leurs mains avec reconnaissance et ils repartent à nouveau. J'ai bien des fois entendu mon cœur battre avec violence depuis ces dernières années, mais dans la joie, jamais ! Il cogne fortement contre mes côtes et ces soubresauts me causent une véritable meurtrissure. Mais comme je suis heureux ! Lus a revêtu avec fierté sa vieille veste sur laquelle sont peintes en blanc les deux grandes lettres K. G.[1]. Nous nous étreignons, nous nous félicitons mutuellement pendant qu'une jeep américaine emmène Von Tirpitz qui était toujours en haut et qu'on vient d'arrêter. Il n'a opposé aucune résistance et est sorti, comme d'habitude, la tête haute comme tout Allemand qui se respecte. Il avait cette tête-là le jour où ma mère l'avait vu apparaître dans l'embrasure de la porte de l'écurie alors qu'elle lavait les marches de l'escalier.

On lui avait dit, avec ce souci de propreté qu'on reconnaît aux Allemands, de nettoyer à

---

1. Abréviation de Kriegsgefangener (prisonnier de guerre).

fond les marches de ciment de l'escalier. Mère ne s'était pas rebiffée. Du savon, beaucoup de savon, une bonne brosse dure et de l'eau, et frotte, et brosse, et frotte et brosse encore à tel point qu'elle en polissait le ciment comme jamais il n'avait été poli avant. Tout ça sous l'œil attentif des matrones. Mais Von Tirpitz, le nez en l'air, avait piqué une tête dès la première marche. Il n'avait pas eu le temps de voir les autres et s'était ramassé au pied de l'escalier, furieux et rouge de honte. Maintenant, on l'emmène, et il a toujours le menton retroussé. Quant aux deux Allemandes, malgré l'interdiction de sortir, elles ont filé. Misera et son copain Kvorek partent à leurs trousses dans un but qui n'échappe à personne. Ils ne reviendront de leur battue que plusieurs heures plus tard.

— Et alors? demande-t-on.

— Dans l'état où elles sont, les deux *kurvi*[1] ne pourraient même plus faire mal à une mouche!

Leur voix est fêlée. Ils s'expriment d'un ton grondeur, mais mal assuré, comme sous le coup d'un grand chagrin et en cherchant malgré tout à faire bonne figure. Nous n'en saurons pas plus long sur le sujet. Les deux Polonais seront avares de confidences.

Dans la cour de l'écurie, sur un mât improvisé, flotte maintenant un grand drapeau de la Croix-Rouge. Dorénavant, nous serons épargnés par les tirs et les bombardements.

Les soldats américains nous apportent ensuite des boîtes de rations militaires que

_____
1. Putains.

nous dévorons gloutonnement. Les contenants superbement emballés renferment une multitude de merveilles allant des jambons gras et succulents jusqu'aux biscuits. Pour me faire plaisir, ils ajoutent en prime de nombreuses tablettes de chocolat, ainsi que du chewinggum. Je mords à belles dents, je mange tout mon saoul sans me soucier qu'à me gaver ainsi je puisse en être malade.

La guerre n'est cependant pas terminée. Les canons tonnent de plus en plus fort. À cause de l'armée américaine installée tout près, nous sommes la cible des obus allemands. Une attaque au canon est plus terrible encore que celle des avions car elle est sournoise. Un simple sifflement déchire le silence au moment le plus inattendu et c'est l'explosion. Nous nous terrons à nouveau dans ce qui reste de notre abri démantelé pour attendre les événements. Notre résolution est prise. Si jamais les Américains sont repoussés, nous reculons avec eux.

Dehors la charge se déchaîne. Les troupes amies avancent rapidement mais la canonnade s'accentue sans cesse. Occupés à maintenir leur poste, les soldats ne se préoccupent plus de nous. Nous passons ainsi presque une semaine à surveiller l'avance de nouveaux bataillons américains. Nous n'avons maintenant plus rien à manger. Je suppose que les soldats sont trop occupés pour se soucier de nous. Je fouille les déchets qu'ils laissent derrière eux et j'en retire suffisamment d'aliments pour sustenter notre petit groupe. Tranches de pain à moitié grignotées, tablettes de chocolat entamées, quelques quartiers d'oranges, etc., voilà autant de rebuts qui constituent nos maigres repas, jusqu'à ce qu'un jour je tombe sur une gigantesque boîte en fer-blanc remplie de biscuits « soda » que je vide à moitié en buvant de grands verres d'eau. Ils sont croustillants, succulents, exquis... et gonflants. Je m'empiffre tellement qu'à la fin une indigestion des plus réussies vient m'enlever, et pour le reste de mes jours, le goût d'en manger.

Un beau matin, après le départ d'un bataillon d'artilleurs, je vais faire un tour du côté du champ où les hommes avaient établi leur campement. Contrairement à leurs prédécesseurs, ces soldats ont pris soin de brûler leurs déchets. Le terrain est propre comme jamais avant. Déçu je fouille quand même avec minutie jusqu'à ce que je découvre un petit sac de toile blanche percé sur un côté. J'en examine le contenu. On dirait du riz, à moins que ce ne soit du vermicelle? Il y a si longtemps que je n'ai mangé de l'un ou l'autre que je ne sais plus. Je soulève quelques branches et découvre deux autres poches semblables à la première. Je les ramasse avec précaution, comme s'il s'agissait d'un fabuleux trésor, et je les emporte à l'écurie.

Ma mère est ravie. Depuis le départ des Allemandes, elle est en charge de la cuisine.

— C'est probablement du riz américain, dit-elle en entrouvrant un des petits sacs. La forme est un peu différente, mais la couleur est la même. On va se régaler! Il y en aura pour tout le monde!

Elle met une casserole à chauffer pendant que nous nous pourléchons en songeant au festin qui nous attend.

Lus qui m'a suivi à la cuisine décide de tâter les petits grains qui attendent le point d'ébullition de l'eau.

— Permettez! dit-il.

En moins de deux, il est dehors avec les trois sacs. On court après lui. Les hommes chahutent. Chacun proteste.

— Ne le laissons pas partir avec notre riz! Il est capable de le bouffer à lui tout seul!

Ce qui m'étonnerait, connaissant Lus. Mais encore, que veut-il en faire?

— Je reviens dans une minute, ne vous inquiétez pas. Une vérification, c'est tout.

Qui sait? Il a peut-être raison. Confiante, mère a laissé la casserole sur le feu. La minute accordée à Lus s'éternise, pour nos ventres affamés, elle s'étire en éternité. Enfin, le voici. Mais sans les sacs de riz. Les protestations ne sont pas de mise. Lus a les deux mains ensanglantées.

— Ce n'est rien, si l'on compare avec ce qui aurait pu arriver, dit-il.

Nous regardons avec stupeur les grosses gouttes de sang qui s'écrasent sur le sol de ciment.

Lus explique :

— Je n'ai fait que frapper un petit « grain de riz » avec une pierre. Votre riz, c'est de la dynamite! Il faut des volontaires pour aller enterrer les sacs!

Certains sortent. Mère s'occupera de soigner Lus. Nous pensons tous à la même chose.

Nous l'avons échappé belle. Pour un « riz sauté », il aurait mérité son nom ! Inutile d'ajouter que la fringale est partie. À tout prendre, il vaut mieux mourir d'une faim triste que d'une joyeuse explosion.

*

Nous sommes toujours en avril.

Un camion de l'armée américaine vient nous recueillir pour nous reconduire à un camp central de prisonniers. Jamais le soleil ne m'a paru si caressant que ce matin.

Je m'installe fièrement dans le camion comme un roi dans son carrosse et me laisse aller, les yeux perdus dans le bleu du ciel, et avec tout le soleil du monde sur ma peau.

Adieu écurie ! J'espère ne jamais plus te revoir de mon vivant ! Loin des horribles cauchemars qui avaient assombri mon enfance, il me reste à renaître à une nouvelle vie.

Nous traversons Würzburg en ruine. Partout on lit, en lettres grasses écrites sur les seuls murs qui restent encore debout : « L'Allemagne vaincra ! » « Jamais nous ne perdrons la guerre ! » et d'autres slogans du même genre. Cela ne nous gêne plus.

Le camp central est immense. Les baraques sont identiques à celles que nous avons connues à Bitterfeld. Il héberge plus de mille prisonniers. On y trouve aussi des Russes, des Polonais, des Ukrainiens, des Italiens, des Belges et bien d'autres nationalités. Mais les Français sont en majorité. C'est une centrale de sélection des captifs. Des camions arrivent par centaines avec des hommes, des femmes, tous misérables, pâles et malades. Si l'avance des troupes le permet, certains seront rapatriés dans leur pays sans trop attendre. Pour d'autres, comme c'est le cas de ceux d'Europe de l'Est, rien n'est encore assuré, puisque la guerre fait toujours rage au centre de l'Allemagne. En attendant, personne ne se plaint de sa nouvelle vie. La nourriture est bonne. Mais on nous conseille de manger modérément car nos estomacs ont perdu l'habitude. J'ai l'impression que personne ne suit la consigne. Les plats sentent si bon. Le lait et le beurre sont en abondance.

Compte tenu des circonstances, nous sommes presque heureux. Notre petite famille n'a pas été séparée et chacun semble en train de se remplumer. Autre chose aussi. J'apprends du soldat américain, posté à l'entrée du camp, qu'un officier de son état-major est d'origine lituanienne.

Averti de notre présence, le premier sergent John Puscius ne tarde pas à venir nous rendre visite. Dès lors, nous sommes indiscutablement les plus gâtés, les plus choyés du camp. Le jeune homme qui est né en Amérique parle notre langue. Il a un teint de maïs, des yeux rieurs et son uniforme est éclatant. Il n'a jamais connu la Lituanie, et nous, jamais l'Amérique. Nous passons des heures à parler de nos pays respectifs. Lentement, la vie normale reprend.

Bien sûr, il reste encore de petits ennuis.

Le soir, à la même heure toujours, un petit avion privé survole notre camp et mitraille nos baraques du haut des airs. La construction est en bois (j'ignore même si c'est de l'authentique : on dirait du carton-pâte). Les murs sont comme une passoire. Ça fuse, ça piaule jusqu'à ce que le pilote de l'enfer se soit repu de carnage ; il repart ensuite pour revenir le lendemain. Nous sommes terrorisés. C'est même un miracle que personne n'ait été blessé jusqu'à maintenant.

Mais il faut faire quelque chose ! On ne va pas recommencer à se laisser intimider !

— Je t'invite à une fête demain, dit mon ami, le sergent Puscius. Demain soir, à l'heure du petit avion.

Quelques instants avant l'heure dite, lorsque tous les prisonniers attendent avec angoisse le bruit coutumier de l'hélice, le sergent vient me chercher.

— Viens !

Il me conduit près d'un petit canon dont la gueule est tournée vers le ciel.

— Patience ! La fête commencera dès que tous les invités seront là !

Brusquement, avec l'exactitude des gens polis, voici le principal convive attendu que précède le bruit de son moteur. Nous le laissons piquer du nez sur le camp, tirer une rafale, puis redresser l'appareil pour aller faire un virage. C'est à ce moment-là que le canon crache une salve sonore, juste une. L'avion est aussitôt transformé en torche et, telle une boule de feu, va s'écraser quelque part.

À vrai dire, on s'en veut de n'avoir pas pensé à cela avant. Outre qu'on est débarrassé de l'énergumène, je n'aurais pas voulu, pour ma part, manquer la fête qui a suivi !

Quelle tour de Babel !

Et pourtant, sans effort, nous nous comprenons. Au besoin, le geste remplace la parole. Et à travers tout ce bruit qui ne ressemble nullement aux autres bruits que j'ai pu connaître, je me dis que rien n'est plus plaisant à mon oreille que le fracas de la joie quand elle éclate.

Les journées qui suivent sont alors pour moi les plus belles de ma vie. Je suis devenu la mascotte du bataillon. Il ne se passe pas d'événement d'intérêt où je ne sois convié à participer. Si le sergent Puscius est occupé à une besogne quelconque, c'est le commandant de l'armée lui-même qui m'invite à l'accompagner dans sa jeep. Je suis de toutes les missions. Mes amis américains m'ont trouvé une chemise verte qui est peut-être un peu ample encore, mais compte tenu du fait que j'ai beaucoup grandi depuis ces dernières années, elle ne me va pas trop mal. Au rythme où je mange, je vais bientôt la remplir. C'est une belle chemise verte. J'ai aussi des chaussures neuves et un vrai casque de soldat. Les miroirs sont rares au camp. Je me mire dans les fenêtres, quand le soleil s'y prête. Je me trouve assez imposant. Je ne le serais pas davantage, si j'étais un général en personne.

Dans les rues de Würzburg, je ne voyage pas assis dans la jeep, mais debout, en levant crânement le menton. Le vent fouette mon visage.

La jeep court sur le chemin. Je pense aux empereurs romains, et je me dis qu'ils n'étaient ni plus fiers ni plus dédaigneux que je ne suis dans le moment. « Insupportable », dirait ma pauvre tante qui a tant fait son possible pour me donner des manières.

Une des missions les plus excitantes auxquelles il m'est donné de participer (j'ai bien dit « participer ») est celle qui consiste à noyer tous les véhicules allemands qui se trouvent à proximité de notre camp. Pour l'exécution de cette opération – qui me paraît de la plus haute importance en stratégie militaire – on me permet de prendre le volant des automobiles qu'il faut engloutir dans les eaux du Rhin. Je n'ai jamais tenu un volant de ma vie mais la conduite est facile lorsqu'on roule en ligne droite sur une berge.

Au pas de tortue, une petite camionnette pousse l'arrière de la future « noyée ». Quand nous arrivons assez près de l'eau, je descends prestement de mon véhicule (je le quitte comme ferait un capitaine de son navire lors d'un naufrage). Alors se produit un choc violent qui plisse en accordéon la malle arrière de l'automobile. Toutes n'auront pas le derrière aussi bien plissé, mais ce ne sera pas parce que nous aurons manqué de cœur à l'ouvrage. Le chauffeur de la camionnette appuie sur l'accélérateur et l'automobile allemande plonge aussitôt dans l'eau en suscitant une série de vagues trouées d'innombrables bulles d'air.

L'opération immersion dure une journée entière. Véhicules militaires, limousines de luxe, berlines familiales, tout y passe. Autrement dit, si l'armée allemande revient, elle ira à pied !

C'est ainsi que s'explique le chauffeur. Je n'aime pas beaucoup cette plaisanterie qui laisse présager la possibilité d'un retour.

Le lendemain je me sens comme attiré par les « lieux du crime » et me retrouve seul à l'endroit de notre cimetière marin. Je vais voir la tête des automobiles qui émergent et autour desquelles, venus sur le courant, flottent d'innombrables poissons morts.

La scène a quelque chose d'irréel et me ramène tout à coup loin en arrière, au tout début des horreurs que j'allais connaître. Je me revois au domaine, à table, essayant de manger sans l'aide de mes mains alors que j'ai tout frais à la mémoire le récit qu'on venait de faire devant moi des morts enterrés debout, la tête hors du sol.

Soudain, une brève détonation retentit sur l'autre rive. C'est un coup de fusil. Je reste là, accablé, les bras ballants, essayant de saisir ce qui se passe. Un deuxième coup de feu éclate. Je ne bouge toujours pas. Mes yeux fouillent l'horizon : je guette. Je comprends que le franc-tireur en a après moi lorsque sa troisième balle piaule, s'écrase à mes pieds en écorchant la terre.

Je m'enfuis en zigzaguant, comme un vrai soldat en fuite.

En route, je rencontre des Lituaniens qui m'invitent à les accompagner sur l'eau où ils ont découvert un bateau chargé de boîtes de saindoux destinées aux armées allemandes.

Inutile de dire que je n'ai aucunement le goût de les suivre. Mon expérience sur la berge me suffit pour l'instant. Je ne pense qu'à rentrer au camp.

*

Pendant tout ce temps, mon père s'occupait de notre rapatriement qui pose quelques problèmes du fait que nous ne tenons pas particulièrement à retourner en Lituanie que les Soviets ont de nouveau envahie. Le mouvement des rapatriements étant réglé par notre ami le sergent, les dernières difficultés en ce qui nous concerne sont aplanies. Nous serons inscrits sur la liste des Français dont le départ est prévu pour le lendemain. Le sergent Puscius doit d'ailleurs quitter lui-même Würzburg dans la nuit avec sa troupe. Il est question qu'il aille combattre au Japon.

Pour fêter sa dernière soirée avec nous, il a déniché trois poulets. Mais nous ne sommes pas tellement gais. J'ai l'impression, quant à moi, que c'est un membre de la famille qui s'en va, et cela m'attriste.

— Vous avez de la chance ! dit-il, les yeux brillants. Moi, je ne sais pas ce qui m'attend.

Il nous étreint avec tendresse et s'en va, le buste droit, les jambes souples, la taille cambrée. Dans la brume de mes souvenirs, je le retrouverai toujours ainsi, discipliné mais plein de tendresse humaine.

*

30 avril 1945.

Trois heures du matin.

Un camion nous attend. On a étendu de la paille sur la plate-forme et nous nous y installons comme des jésus dans une crèche. Nos compagnons sont tous des Français. Mon père est ravi de parler avec eux des choses de sa jeunesse. J'écoute cet échange de souvenirs heureux et je me demande ce que j'aurai de beau à raconter, quand j'aurai atteint l'âge de mon père. Je me dis que, pour certaines choses, il doit exister des trucs pour oublier, comme il existe des trucs pour se souvenir. Répéter une adresse, par exemple, ou apprendre les mots d'un poème ou d'une chanson... Mais pour oublier, comment fait-on ? Vouloir suffit-il ? Dans le moment, je ne tiens pas à me remémorer certains faits, ni revivre certains cauchemars, mais c'est plus fort que moi. J'y pense sans cesse. Mais, à force de vouloir oublier, j'y parviendrai peut-être.

— Et toi, quel est ton nom ?

On doit répéter plus d'une fois avant que je saisisse que c'est à moi qu'on s'adresse. Ce n'est pas aujourd'hui que je commencerai d'oublier, je le vois bien, malgré ce camion qui nous emporte vers la gare, et la liberté.

Je réponds distraitement, déclinant tous les prénoms qu'on m'a donnés. En lituanien, en russe, en allemand...

Les Français font la moue.

— Vous devriez lui donner un nom plus simple, disent-ils à mon père. En France...

Je n'écoute plus. Je les entends dire Alex... Un de plus, un de moins, le baptême ne m'émeut plus, depuis le temps qu'il se répète ! Aloyzas, Alioscha, Aloyzous, Alex (et j'en passe). Je suis comblé en fait de prénoms. Mais il m'intéresserait davantage, maintenant que nous y sommes, que le train parte. C'est un interminable convoi de wagons de marchandises, et la chaleur est déjà suffocante dans cet enclos où nous nous trouvons.

Enfin, le convoi s'ébranle. Petit à petit le silence se fait. Chacun, je le suppose, s'absorbe dans ses souvenirs. Mauvais. C'est oublier qu'il faudrait...

Nous roulons lentement, les énormes portes refermées. Journée interminable que celle-là. Parfois, nous entrouvrons un peu le lourd panneau pour aérer. J'en profite pour regarder défiler le paysage. J'ai les yeux bouffis de sommeil, la bouche pâteuse. Parfois le train s'arrête dans une gare. Nous nous précipitons pour nous dégourdir les jambes, mais surtout pour courir avec des gourdes, bouteilles et récipients les plus divers vers les robinets qui nous permettront d'étancher notre soif jusqu'au prochain arrêt.

Maintenant les passagers chantent à tue-tête. Certains ont avec eux des trompettes, sans doute volées aux soldats allemands, tandis que d'autres ont des tambours, des clochettes, des klaxons, des sifflets et même des cymbales. Ceux qui n'ont rien tirent les sons qu'ils peuvent des bouteilles ou des récipients de métal plus ou moins remplis d'eau. Tous ces instruments hétéroclites qui se mêlent au bruit du train font un tintamarre infernal qui empêcherait de dormir l'homme le plus exténué de la terre. La cacophonie dure même pendant la nuit. Je réussis quand même à somnoler vaguement à travers le charivari qui se transforme dans mon demi-sommeil. On dirait maintenant des gémissements, des claquements de planches... Puis le train semble secoué par de curieux soubresauts et s'arrête brusquement. Si j'ai dormi, je suis sûr que je ne dors plus.

Nous passons la tête dehors. Chanteurs et bruiteurs ont fait silence. Et nous percevons alors très distinctement des voix qui hurlent. C'est de douleur que l'on geint quelque part. Les hommes sautent à terre. Horreur ! Le dernier wagon a déraillé. Il n'en reste que des débris mêlés aux corps déchiquetés. Sur l'étendue grise de la terre pelée gisent des membres ensanglantés.

Les roues d'un deuxième wagon ont sauté les rails et l'immense carcasse d'où sortent des cris affreux penche sur le côté. Quand je me rends compte que notre wagon est le troisième de la queue, ma poitrine se met à brûler comme une fournaise et mon sang cogne partout dans mes artères avec une extrême violence. Je reste longtemps assis en plein cœur du désastre, incapable de faire un mouvement. Autour de moi, on s'agite.

Le dégagement prend plusieurs heures. Les blessés et les rescapés sont recasés tant bien que mal dans les autres wagons. Quand il fera jour, on pourra dénombrer les cadavres. Mais il y en a au moins une dizaine. Des équipes viendront s'en charger.

Un peu plus tard notre train repart dans un silence de mort. Nous roulons, le panneau grand ouvert, prêts à bondir hors du train au moindre soubresaut. Dans la lueur mourante où toute l'humanité se réduit à des ombres, j'écarquille les yeux pour surveiller la terre qui défile sous nos pieds. Le moindre craquement insolite me fait sursauter. Je scrute l'obscurité, recroquevillé dans mon coin, en pensant à ces morts abandonnés derrière nous le long d'une voix ferrée étrangère.

Maintenant le train s'immobilise. Heureusement. Et il faut louer la perspicacité des conducteurs. Des saboteurs – que l'on suppose allemands – ont déboulonné une longue section des rails. N'eût été la clairvoyance des cheminots, le train entier eût déraillé. Les dégâts sont réparés assez rapidement, mais le moral des voyageurs a baissé. Un de nos compagnons refuse de poursuivre son périple avec ce train de malheur.

— Salut tout le monde ! Je rentre à pied ! J'y mettrai plus de temps, mais je suis sûr d'arriver, dit-il d'une voix que le dégoût dispute au désespoir.

Puis il saute.

Les autres restent. Heureux ceux d'entre nous qui ont un long passé à se remémorer, non pas un passé court comme le mien et plein à craquer de souvenirs effroyables. Dans le moment, peut-être est-ce à cause de ma grande lassitude, mais je me sens un peu comme celui-là qui vient de sauter. Je ne suis pas certain d'avoir un avenir à ma taille. Mais je reste quand même, collé à ma famille qui est tout mon univers.

Nous nous arrêtons ensuite à la gare de Münster, l'esprit creux, le ventre vide. Sur une voie parallèle à la nôtre est immobilisé un train rempli de boîtes de rations pour les soldats américains. Je résiste longtemps à la tentation – une bonne heure – avant de décider d'en « emprunter » une. Malheureusement pour moi, dès que je m'apprête à m'emparer du précieux butin, une fusillade éclate. Le train est surveillé par des sentinelles que je n'avais pas vues. J'avais pourtant bien regardé. J'ai tout juste le temps de réintégrer mon wagon, espérant qu'on ne viendra pas m'y arrêter pour ce délit que je n'ai pas eu, à vrai dire, le temps de commettre. Il n'aurait manqué que ça !

Le 3 mai, à onze heures du matin, nous arrivons à Hayange, en France.

Visite médicale obligatoire, saupoudrage de DDT (qui tuera en même temps, je l'espère, jusqu'aux derniers sots d'Allemagne) et émission de nos cartes de rapatriés, après quoi nous avons droit à un repas accompagné de vin.

Vive la France !

Nous passons la nuit dans une maison en briques. J'ai depuis longtemps l'habitude des peurs nocturnes, du silence et des moindres bruits qui le troublent. Pourtant, cette nuit-là je m'endors rapidement, accablé d'énervement et de fatigue, ivre aussi de légèreté. C'est, depuis fort longtemps, ma première nuit dans un vrai lit.

Après le succulent repas, le vin qui tourne la tête, le lit confortable, nous monterons le lendemain matin dans un train régulier, en prenant place cette fois dans les compartiments réservés aux voyageurs ordinaires. Je suis bien. Je me sens tout à coup transformé. Est-ce à tout cela qu'inconsciemment je pensais autrefois, quand je rêvais d'un pays?

Nous passerons la nuit à Rivier.

Le 5, un peu avant midi, les haut-parleurs annoncent la fin de la guerre. La proclamation que l'on répète inlassablement produit comme une explosion chaude dans tout mon être. La sueur inonde le creux de mon dos. La guerre est finie! La guerre est finie! C'est la première phrase complète que j'apprends à dire en français.

Dehors, il pleut abondamment. Les gouttes emperlent les têtes nues. On pleure! On danse! On s'embrasse! Mes pieds sont mouillés mais je n'en ai cure. Bientôt j'aurai des souliers neufs. Cette pluie me transporte hors du temps. Je voudrais qu'elle lave ces barbelés de ma mémoire, qu'elle noie le passé à jamais. Comme elle fait du bien, cette pluie d'un matin de paix sur la France!

À minuit du même jour, un autre train nous déposera en plein cœur de Paris, à la gare de l'Est.

Qu'elle était longue, la route…

Cet ouvrage a été composé
par Atlant' Communication
aux Sables-d'Olonne (Vendée)

Impression réalisée sur CAMERON par

BRODARD & TAUPIN

GROUPE CPI

La Flèche (Sarthe)
en septembre 2004

pour le compte des Éditions de l'Archipel
département éditorial
de la S.A.R.L. Écriture-Communication

Imprimé en France
N° d'édition : 717 – N° d'impression : 24301
Dépôt légal : septembre 2004